誰がやってもうまくいく！
最強のマーケティング
OODA

坂本松昭

同友館

はじめに

　企業をとりまく経営環境はますます複雑さを増し、これまでにない
スピードで目まぐるしく変化しています。これほどまでに先の読みに
くい時代はこれまでになかったのではないでしょうか。

　それなのに、大切な経営戦略が昔ながらの古いやり方で決められて
いたり、消費者が変わってきているにもかかわらず、古いマーケティ
ング手法に固執したままやり方を変えようとしない企業が非常に多く
あります。

　時代は刻々と変化しています。変化を感じられない日はないほどで
しょう。これまで入手することさえ不可能であったデータも容易に入
手できるようになり、これまで分析することのできなかった膨大なデ
ータも分析できるようになりました。

　こうした変化に伴って、企業は消費者をより深く知る機会を得られ
るようになりましたが、はたしてこれらの機会を有効に活かしきれて
いるでしょうか?

　うまく活かすことができれば、消費者の行動データを解析し、消費
者の感情を理解し、消費者の心を動かすこともできるようになるはず
です。しかし、その具体的な方法がわからないために、手をこまねい
ている企業も多いように見受けられます。

　本書では、この時代に適したマーケティング手法の骨格を根本から
理解できるように解説しました。社会の変化の方向性を大局的にとら

えながら、具体的なアクションがとれるように1つひとつ丁寧に解説していきます。

　本書の核心は、OODA（ウーダ）ループにあります。OODAループとは、Observe（観察）、Orient（仮説構築）、Decide（意思決定）、Act（実行）を繰り返すことをいいます。どのように先の見通せない不透明な状況にも、迅速な意思決定と行動を実現します。

　もはや、いかなるマーケティング理論も手法も確実に効果があるかどうかは、やってみなければわからない時代です。いかに小さく試行し、いかに速く修正できるかが競争に勝つための鉄則となってきているのです。

　このOODAループを速く回すためには、高度なマーケティング手法や分析技術を習得することが必要なのではなく、マーケティングを行う企業側の組織や体制に問題があることも少なくありません。本書では、マーケティングを成功させるために必要な組織体制の構築方法についても詳しく解説しました。

もくじ

はじめに　i

第1章　「売れる顧客」を見つけ出す……………………001

1. どうやって「売れる顧客」を見つけ出すのか　002
(1)「利益」の視点で顧客を分ける　002
(2)「コスト」の視点で顧客を分ける　006
(3)「利益」と「コスト」の両方で顧客を分ける　007

2. 顧客セグメンテーションから戦術への落とし込み　009
(1) 初期の顧客セグメンテーション　009
(2) 顧客セグメントの修正と戦術の決定　011

3. 「売れる顧客」を探り当てるセグメンテーションの実務　013
(1) 縦軸の「利益」をどうとらえるのか　013
(2) 横軸の「コスト」をどうとらえるのか　015
(3)「全体戦略との適合性」もコストの大小ととらえる　015
(4)「新規」と「再購入」では実務が異なる　016

4. 見つけ出した「売れる顧客」に売るための戦術　018
(1) 戦術に優劣をつける　018
(2) 顧客分類からペルソナへ　020
(3) マーケティング戦術を決定するプロセス　024

5. 多面的な顧客理解で最適な戦術をつくる　027
(1) 多面的な顧客理解がOODAループを高速化する　027
(2)「売れる顧客」を見つけることは、
　　営業戦術を見つけること　029

iii

COLUMN 利益とコスト以外の軸を取ってみる　033

第2章　マーケティングの成功は、
OODAを高速ループさせることにある ……… 035

1. OODAループの概要　036

2. マーケティングウーダを高速ループさせる　038
- (1) 高速ループさせることで目指すもの　038
- (2) 高速ループさせる効果　040
- (3) 高速ループに必要なこと　043
- (4) OODAを高速ループさせるために必要なこと　044

COLUMN 顧客分類を活かして、
営業No.1パーソンになれた!　049

第3章　マーケティングの根幹は「組織づくり」……… 051

1. マーケティングの最終解は「組織」に行き着く　052
- (1) 即座に動ける組織をつくる　052
- (2) 近い関係者から変えていく　052
- (3) マーケティング活動こそが経営の根幹となる　056

2. マーケティング組織のつくり方　058
- (1) 業務役割の定義の仕方　058
- (2) フロント・ミドル・バックの役割整理　063
- (3) 組織をマーケティングに向けて動かすための仕組み　066

3. データ基盤をつくる　069
- (1) データから顧客を見極められるようにする　069
- (2) 顧客データ整備の目指す姿　070

4. 組織が自ら施策評価できる仕組みをつくる　071

5. マーケティングウーダを実現する仕組みをつくる　072

6. 業務を設計する3つのポイント　073
　(1) 業務・組織の整備　073
　(2) 顧客の見極め　075
　(3) 効果検証による改善　078

7. 業務を確実に定着させる方法　081
　(1) 業務定着をサポートする　081
　(2) データ分析を中心としたサポートをする　082
　(3) 営業部門などが自らでも分析できるようにする　083
　(4) とにかく負担を減らし続けるように働きかける　084
　(5) 新たな業務やツールのサポートをする　085

8. 確実な営業活動につなげる方法　086
　(1) 営業トークもOODAループでつくりあげる　086
　(2) 勝ちパターンを確実につくりあげる　088

第4章　マーケティングウーダで企業を変える………093

1. とにかくデータ基盤をつくること　094
　(1) ステップ1：データの整備と蓄積　094
　(2) ステップ2：データの加工と分析　095
　(3) 分析結果の利用と価値創造　097

2. 「観察」のための仕組みをつくる　097
　(1) 顧客と自社活動を知るためのデータ　097
　(2) 競合他社の動きを知るためのデータ　099
　(3) 社会情勢・外部環境を知るためのデータ　102

3. 「売れる」仮説をつくる　103
  (1) 顧客反応の中間指標をとらえる　103
  (2) さまざまな要因の相互作用を仮定する　104
  (3) 顧客の変化をリアルタイムに追いかける　104
  (4) 顧客の動的な遷移を把握する　105

4. 全体最適なマーケティング活動につなげる　107
  (1) 自社の現在位置を知る　107
  (2) 課題を明らかにする　109
  (3) 目指すべき姿を明らかにする　110
  (4) マーケティング改革を持続的に成功させる
     3つのフィット　111
  (5) 全体を管理する仕組みをつくる　113

5. スモールスタートで「手ごたえ」をつかませる　116
  (1)【観察】による手ごたえ　117
  (2)【仮説構築】による手ごたえ　117
  (3)【意思決定】による手ごたえ　118
  (4)【実行】による手ごたえ　118

6. 顧客の生涯価値を最大化する　119
  (1) トリガーイベントを設定することによるOODA　119
  (2) 顧客のライフサイクルを把握する　121
  (3) カスタマージャーニーをとらえる　125
  (4) 定性的な情報を付け加えていく　127
  (5) 定性データと定量データから
     顧客の検討ステージをとらえる　128
  (6) 顧客の検討ステージをとらえてOODAを回す　130
  (7) ブランド構築にまで高める　132
  (8) データドリブンマーケティングの時代　134

7. KPIとKGIの設定　135
  (1) 短期的な評価指標の設定　135
  (2) 中長期期的な評価指標の設定　136

8. マーケティング活動への貢献度を「見える化」する　138
　(1) 評価指標をつくり、全体から各メンバーまで
　　「見える化」する　138
　(2) 体系的な評価と管理をしやすくするための要件　139
　(3) 指標を体系化する　140
　(4) 評価指標の算定方法　143

COLUMN　部門をまたがるマネジメントの難易度　148

第5章　すべては「人」に行き着く ·······················151

　(1) マーケティングとは、OODAループの繰り返し　152
　(2) マーケティングとは、「人を理解する」ことに尽きる　152
　(3) マーケティングはマーケティング部門だけの
　　仕事ではない　153
　(4) マーケティングコミュニケーションを
　　極めねばならない　155
　(5) プロデュースする力を持て！　156

**COLUMN　顧客満足度向上に向けた課題と顧客サービスの
　あるべき姿　158**

第6章　先が見えないVUCA時代に備える ···············161

1. デジタル化する世界に備える　162
　(1) すべてが数字に置き換わる　162
　(2) 見えるものが細かくなる　163

2. デジタル化によってビジネスが変わる　163
　(1) ビジネスのスタイルが変わる　163
　(2) Iotでビジネスが変わる　164

3. 消費者行動や価値基準が変わる　164

(1) いつでもどこでもつながるようになる　164

(2) 消費者の嗜好も変わる　165

(3) パーソナライズされる　166

(4) よりシンプルになる　166

(5) PRもピンポイントになる　167

(6)「体験のシェア」が判断基準になる　168

4. デジタル化によって、あなたも変わらなければならない　169

(1) 消費者とのコミュニケーションを変える　169

(2) コミュニケーションで大切なものが変わる　170

(3) 消費者一人ひとりと向き合わなければならない　172

(4) 顧客とはいつでもどこでもつながれるようにする　173

(5) 消費者からのフィードバックを
受け取れるようにする　174

5. ビジネスモデル自体を変える　175

(1) デジタル技術による新しいビジネススタイル　175

(2)「シェア」したくなるサービスをつくる　177

(3) 消費者が触れた情報を知る　179

(4) マーケティングの大前提を変える　180

おわりに　182

第1章
「売れる顧客」を見つけ出す

1. どうやって「売れる顧客」を見つけ出すのか

(1) 「利益」の視点で顧客を分ける

顧客を平等に扱わない

当然のことですが、すべての顧客を平等に扱うことはできません。さらにいえば、平等に扱ってはならないものです。自社商品を買ってくれる可能性の高い顧客は手厚く扱いますが、買ってくれる可能性の低い顧客には無駄なコストをかけないようにします。また、自社商品を買ってくれる顧客の中でも、何もしなくても買ってくれる顧客と、セールスに力を注がなければ買ってくれない顧客では扱い方が違います。また、世の中には、いかに多くのコストと時間をかけても、買ってくれない顧客だって存在します。このような顧客に対しては、何もせずに静観することが適した扱いといえます。

しかし、これらのうちのどれに当てはまる顧客かを、どのように見分けたらいいのでしょうか。これがわからなければ、顧客ごとに対応を変えることはできません。

一方で、いかなる顧客に対しても対応を変えないということは、すばらしいやり方に映りますし、理念としては確かにすばらしいといえるかもしれません。しかし、売り手の立場から見れば、本来必要のない無駄なコストを垂れ流していることと同じです。それでは、顧客の立場から見れば、本当にすばらしい対応といえるでしょうか。たとえば、上得意の顧客が他の顧客と比べて何らの優遇もされなかったとしたら‥‥。こちらも不満を抱えることになってしまいますね。

第1章　「売れる顧客」を見つけ出す

顧客を「売れやすい」順に並べてみる

　ここで大切な役割を果たすのが、顧客セグメンテーション（顧客分類）です。たとえば、1,000人の顧客を5つのグループに分けるだけであれば、適当に200人ずつに分ければいいので、誰にでもできることと思います。しかし、これだけでは、この200人がどのような顧客なのか、営業すべきなのかそうでないのか、まったくわかりません。そこで、もう少し意味のある分類をしてみます。たとえば、1,000人の顧客を売れそうな順番に並べ替えたらどうなるでしょうか？

　まずは、ここで「売れやすい」とはどういう意味なのかを考えてみます。突然、このように聞かれても、戸惑うのではないでしょうか。なぜならば、売る商品はもちろんですが、売る手段によっても、この「売れやすい」という基準は変わるからです。

　たとえば、値下げをすると売れやすい、DMを送ると売れやすい、イベントを開くと売れやすいなど、いろいろ「売れやすい」が考えられます。そして、これらの「売れやすい」顧客は、異なる場合が多いのです。そのため、販売する手段ごとに、「売れやすい」顧客を見つけ出さなければならないということになってしまいます。

「売上」ではなく、「利益」で見る

　ここでは話を単純化して、「利益を得やすい顧客」の順位づけをします。単に顧客に商品が売れればいいというわけではないからです。あくまでも大切なのは「利益」であって、「売上」ではありません。値引きに限らず、営業にかかる広告などの費用も考慮しなければいけません。ある商品を販売したときに、最終的に、手元に残る利益をと

らえることが大切です。

　できる限り多くの利益を確保できる顧客から優先的に販売できれば、手元に残る利益を最大化することができます。当然、赤字で販売をしてはいけません。この手始めとして、顧客を高い利益が期待できる順に並べ替えてみるのです。

　最初は何もデータがないこともありますが、まずここでは、過去の販売実績がある場合を例にとります（データのない場合の手順は、後述します）。

手作業でも構わないから、まずは分類する

　すべての顧客に、1番～1,000番までの順位をつけることは、すぐにはできないかもしれません。しかし、たとえば、「上位顧客」「中位顧客」「低位顧客」「赤字顧客」の4分類くらいであれば、その顧客がどの分類に属するのかを判断することは比較的容易にできるのではないでしょうか。

　最初は、手作業であっても構いませんから、まずは自身の顧客をこれら4つのカテゴリーに分類してみます。

図表1-1　利益順による顧客分類の例（1）

セグメント	構成比	平均利益 （万円）	利益 構成比
上位顧客	4%	25.0	30%
中位顧客	25%	7.5	60%
低位顧客	50%	1.7	26%
赤字	21%	−6.4	−16%

　図表1-1に例を示します。販売する商品にもよりますが、通常は、

第1章　「売れる顧客」を見つけ出す

中位顧客のボリュームが多く、上位顧客と低位顧客が上下から挟み込むようなイメージとなります。赤字顧客はいないほうが望ましいのですが、何らかの特殊な事情で赤字でも売らなければならないこともあり得ます。もし恒常的に赤字で売っているような顧客がある場合には、すぐに改めなければなりません。

最初は「自分の常識」に従って構わない

最初は多少の無理があっても、とにかく分類をしてしまいます。分類する根拠は、何でも構いません。「来店頻度が高いから」「購買履歴が多いから」「高級マンションに住んでいるから」など、さまざまな理由が考えられるでしょう。

たとえ、あいまいな情報であっても、まずはそれを分類の根拠としてしまいます。もちろんこれらの中には、後で間違いだとわかるものもあるでしょう。しかし、それは購買履歴や顧客情報などのデータが集まった段階で分類を修正すれば、いつでも分類の精度を高めることができますので、何も心配はいりません。

分類したセグメントごとに戦術が見えてくる

図表1-1の分類をもう少し細かく分類したものが**図表1-2**です。細かく分類すればいいというわけではありませんが、このくらいの細かさのセグメントに分けることができれば、営業戦略も立てやすくなります。

たとえば、図表1-1で「上位顧客」と一括りにしていた顧客を、さらに「VIP」と「プラチナ」に分けました。このように分けると、それぞれに別のアプローチができるようになります。「VIP」には特典

を付けて販売するが、「プラチナ」には特典は付けずに挨拶状だけを送るなど、別々の戦術を採ることができるようになります。

図表1-2　利益順による顧客分類の例（2）

セグメント	構成比	平均利益 （万円）	利益 構成比
VIP	1%	16.0	11%
プラチナ	3%	9.0	19%
ゴールド	10%	5.0	34%
シルバー	15%	2.5	26%
ブロンズ	20%	1.2	16%
スタンダード	30%	0.5	10%
赤字1	5%	−0.2	−1%
赤字2	15%	−1.2	−12%
赤字3	1%	−5.0	−3%

（2）「コスト」の視点で顧客を分ける

営業にかかるコストは一律ではない

　ここまでは、顧客から得られる利益の視点から分類をしました。ここでは、コストの視点から顧客を分類してみます。なぜならば、顧客によって、営業などにかかるコストは一律ではないからです。

　たとえば、訪問販売をする場合を考えてみます。同じ「VIP」顧客であったとしても、訪問しやすい地域に住んでいる人もいれば、訪問しにくい遠方に住んでいる人もいます。当然、近場に住んでいる顧客のほうが訪問販売にかかるコストは低いでしょう。さらには、同じエリアに住んでいる人であっても、オートロックの高層マンションに住んでいる人と戸建住居に住んでいる人とでは、直接顧客に会うことの

できる確率が違うかもしれません。

接触しやすい顧客、買ってくれやすい顧客がいる

たとえば、戸建住居のほうが直接会いやすいとすれば、会うための
コストは高層マンションよりも戸建住居のほうが低いといえます。

しかし一方で、戸建住居の顧客は何度か会って信頼関係を築かない
と買ってもらえないけれど、高層マンションの顧客は一度会ってしま
えば買ってもらえるということもあるかもしれません（あくまで説明
のための例です）。

このような場合には、会いやすさと買ってもらいやすさを両方足し
算して、営業にかかるコストを考える必要があります。営業にかかる
コストの視点から顧客を分類した場合にも、図表1-1、図表1-2と同
じ表が作成できます。

(3)「利益」と「コスト」の両方で顧客を分ける

顧客を2つの軸でとらえなおす

ここまでで、顧客から得られる「利益」と、営業にかかる「コス
ト」をおおまかに把握しました。（最初のうちは、利益やコストがわ
からないかもしれませんし、あいまいな部分も多いかもしれません。
しかし、そうであってもまずは思い切って分類してみましょう。）

この利益とコストの分類を使って、今度は、縦軸に「利益」、横軸
に「コスト」を取って、顧客を分類してみます。利益やコストという
単一の軸ではなく、2つの軸で分類することで新たなマーケティング
戦術が見えてくるからです。

有望な顧客を浮き彫りにする

このような分類ができると、積極的にコストをかけて営業をするセグメントと、積極的には営業をしないセグメントを見分けられるようになります。

特に、マーケティング費用が高いにもかかわらず、得られる利益は低い顧客セグメントには、「何もしない」ということをしっかりと決めることも大切です。たとえチラシ1枚であっても、コストなのだという認識をしっかりと持たなければいけません。利益を得られない顧客に対して、無駄なコストをかけてはいけないのです。

マーケティング戦術を決定する

顧客を「利益」と「コスト」の軸で分類し、たとえば、**図表1-3**のように分類したとします。すると、どの顧客に対して優先的に営業をかけるべきかが、はっきりとします。

得られる利益が高く、コストが低い顧客に対しては、積極的に営業をかけます（図中A）。得られる利益は高くても、かかるコストも高い顧客に対しては、多少の利益は犠牲にする覚悟で営業をかけます（図中B）。得られる利益は低いが、コストも低い顧客に対しては、コストをかけずにできる範囲で営業をします（図中C）。得られる利益が低く、かかるコストの高い顧客に対しては、できる限りコストを下げて営業をかけます（図中D）。最後に、得られる利益がある基準を下回る場合には、何もしないことを決断します（図中E）。

このように顧客を分類することによって、それぞれの顧客ごとに違ったマーケティング施策を打つことができるようになります。

第1章 「売れる顧客」を見つけ出す

図表1-3 利益とコストによる顧客セグメンテーション

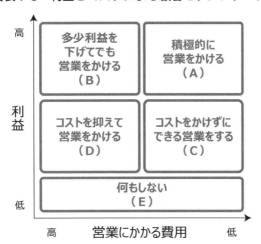

2. 顧客セグメンテーションから戦術への落とし込み

(1) 初期の顧客セグメンテーション

データがなくても、分類はできる

顧客セグメンテーションの最初のステップは、「利益」と「コスト」で顧客を分類することです。これは、顧客から得られる利益と営業にかかるコストに一定の線を引くことで、機械的に分類することもできます。

図表1-3同様、縦軸に利益、横軸にコストを取り、ある水準よりも上なのか下なのかで分類します（**図表1-4**）。この振り分けの基準は、最初は適当に決めても差し支えありません。まずは、図表1-4をイメージしながら、A〜Eに顧客を振り分けていきます。

図表1-4　利益とコストを軸にしたセグメンテーション

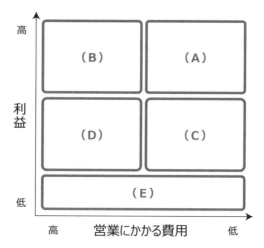

まずは分類し、それから修正していく

もし、分類に間違いがあっても、あとでいつでも修正できます。また、何らかの施策を実施した結果を見て、適宜修正を加えていくこともできます。

最終的には、利益とコストの軸に、顧客の内面にかかわる属性（たとえば、趣味・嗜好、購入動機、商品の使用頻度など）[1]を加えて分類できるようになると、より顧客に適した戦術を選択できるようになりますし、販売の成功率も高まります。

このような顧客セグメンテーションが必要なのは、利益の高い顧客に対して選択的に商品を販売していくことはもちろんですが、競争相手に打ち勝つためでもあります。

---

[1] 心理的属性と呼ばれます。心理的属性には、顧客の特性、ライフスタイル、意見・立場・趣味・興味、ロイヤルティ（忠誠度）などがあります。

(2) 顧客セグメントの修正と戦術の決定

より細やかな顧客分類

先の例では、顧客を4つの象限に分類しました（実際には、これに「何もしない」を加えた5つです）。さらにこれを細分化した9つの象限で分類をしてみます。

4つに分けることができていれば、9つに分けることも比較的容易にできるはずです。9つに分類した場合のイメージが**図表1-5**です。

4つの分類のときと同様に、利益とコストの基準を設定します。顧客が均等に分類される必要はありませんので、使い勝手のいい基準で区切って分類をしてみます。

図表1-5　利益とコストを軸にした顧客分類

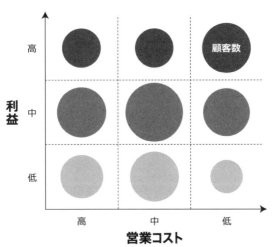

分類した顧客に具体的な意味づけをする

次に、縦軸と横軸はそのまま何も変えずに、利益とコスト以外の要素を図表1-5に加えてみます。たとえば、単に「利益が低い顧客」であったセグメントに、「一人暮らしの学生」といった意味のある情報を付け加えてみます。同様に、単に「獲得コストが高い」であったセグメントにも、コストが高くなることの意味を付け加えます。たとえば、「倹約家」などの情報がこれにあたります。

ここでの意味づけは、これらの顧客に実際に会ったときの印象でもいいですし、何らかの統計情報から得た知見でも構いません。このように、具体的な意味を付け加えていくことで、具体的な戦術を考えやすい顧客セグメントに修正していくことができます（**図表1-6**）。

意味づけは直感からスタートしても構わない

ただし、ここで大切なことは、この意味づけに確固たる確証はなくても構わないということです。すなわち、「倹約家」が本当に倹約家であることの確証は必要ありません。たとえば、購買履歴から安売りのキャンペーンでしか購入したことがないなどがわかれば、ひとまず「倹約家」としてみます。もしかしたら、後になってあらゆるキャンペーンに飛びつく「浪費家」である可能性もありますが、これもわかった時点で修正を加えればいいからです。

図表1-6のような顧客分類ができれば、どの顧客層に対して、どのような戦術が有効なのかが、かなり明確となるのではないでしょうか。

第1章　「売れる顧客」を見つけ出す

図表1-6　意味づけを加えた顧客セグメンテーション
戦術への落とし込みイメージ

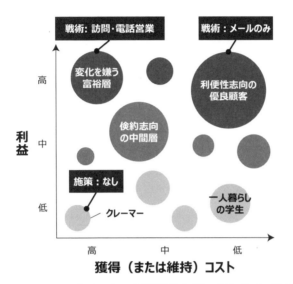

- 意味のある心理学的属性で振り分けの修正を行い、戦術を決定する。

3.「売れる顧客」を探り当てるセグメンテーションの実務

(1) 縦軸の「利益」をどうとらえるのか

見込める利益を把握する

　顧客から得られる利益は、あくまでも見込みにしか過ぎません。しかし、「利益」の期待額があったほうが施策を決めやすくなりますし、マーケティング活動も進めやすくなります。そして、販売の成功率も高まるはずです。

それでは、利益をどのように見積もったらいいのでしょうか。

たとえば、「高額商品が売れやすい」顧客であるならば、この高額商品が売れた場合の利益を見積もります。本当に売れるかどうかはわかりませんが、売れると見込んだ場合の利益で分類することになります。(売りやすさ・売りにくさは、コストの視点から見ていくことになります。)

どのようなデータが使えるか

このときに使用するデータとしては、たとえば、過去の販売履歴などがあります。何らかの購買実績があれば見積もりがしやすくなります。たとえば、「ふとん」の購買履歴があるならば、「ふとんカバー」や「枕」の販売で見込まれる利益を推定しやすくなります。

もし、何もデータがなければ、擬似的にでも過去の購買履歴に援用できるデータを探します。たとえば、まったく別の商品のデータであったとしても、有益な情報が得られるかもしれません。たとえば、「ふとんカバー」の販売による利益を推計するのに、「化粧品」の購買履歴や「宿泊予約」履歴などが役に立つかもしれません。

さらには、顧客に直接聞くという方法もあります。具体的には、分類した顧客セグメントの中から何人かをサンプルとして選び出し、アンケートやインタビューを行います。

このようにして得られた「利益」の見込み額をもとに、縦軸の分類基準をつくります。

第1章　「売れる顧客」を見つけ出す

(2) 横軸の「コスト」をどうとらえるのか

「コスト」は、営業の難易度ととらえることもできる

マーケティングにかかるコストは、販売の難易度とも密接にかかわります。たとえば、電子メールを1回送れば購入してくれる顧客ならば販売の難易度は低く、営業にかかるコストも小さいといえます。

一方、販売の難易度が高い顧客に対しては、メール以外にも広告掲載やイベント開催、訪問販売などが必要となるかもしれません。このような場合には、たとえ販売できたとしても、営業にかかるコストも大きなものとなります。

顧客へのアプローチの容易さで分けてみる

販売の難易度で分類する基準はいろいろありますが、まずは、アプローチの容易さによって分けてみるといいでしょう。訪問販売をするのであれば、会いやすい顧客かどうかで分類していきます。DMやメールで販促するのであれば、過去の応答率などを参考にして分類していきます。

このように分類しておけば、横軸の右に行くほど顧客へのアプローチがしやすく、左に行くほど顧客へのアプローチがしにくいことが明確になります。

(3)「全体戦略との適合性」もコストの大小ととらえる

戦略との適合性も同じ評価軸に含める

よく見落とされがちな視点ですが、もう1つ大切な「コスト」とし

て認識すべきものがあります。それは全体戦略との「適合性」です。

　個々の商品のマーケティング活動も、可能な限り全社戦略と合っていることが望ましいからです。しかしながら、たとえ全社戦略とは一致していなかったとしても、やるべきと判断される個別のマーケティング活動も存在します。これらを総合的に評価するためにも、同じ評価軸の中に、戦略との適合度合いが含まれていたほうが判断をしやすくなります。

コストを「営業の難易度＋戦略との適合度」とする

　たとえば、会社をあげて「子育て家族」をターゲットにしようと決めているにもかかわらず、単に営業コストが安いという理由だけで「単身者」をターゲットとするわけにはいきません。同じように、会社をあげて地方販促をしようとしているのに、販売がしやすいからとの理由だけで、首都圏だけの販売施策を打つわけにもいきません。

　営業戦術を考えるにあたっては、「販売の難易度」と「戦略との適合度」の両方を考慮しなければならないことがわかると思います。

　これを簡便に行うためには、横軸のコストを「販売の難易度＋戦略適合度」とすることで、機械的に顧客を振り分けることができるようになります。

（4）「新規」と「再購入」では実務が異なる

「新規」のセグメンテーション

　たとえば、商品Aを販売するための施策を考えるとします。しかし、この商品Aを初めて購入する顧客をターゲットとするのか、すで

第1章　「売れる顧客」を見つけ出す

に購入したことのある顧客の再購入（または継続購入）をターゲットとするのかによって、採るべき戦術は異なります。

　ここでは便宜上、前者を「新規」、後者を「再購入」と呼ぶことにします。「新規」の場合は、これから買ってもらうわけですから、商品Aの履歴情報は何もありません。つまり、「新規」に対しては、他商品の購買データや、類似の顧客プロファイルなどを使うことで、縦軸と横軸の基準を決めていくことになります。これによって、まず便宜的に顧客を分類していきます。

「再購入」のセグメンテーション

　一方、「再購入」の場合には、すでに商品Aの購入履歴情報がありますから、それらを集計することで、顧客を分類するための基準をつくることができます。

　ただし、購入履歴には売上金額しかないこともあります。このような場合には、何らかの方法によって「利益」の大小を判断しなければなりません。もし、販売にかかっている費用を一律と仮定して差し支えなければ、まず手始めとしては、売上金額の大小を利益の大小として分類してしまいます。

　もし顧客ごとに費用が異なる場合には、可能な限り、「売上金額−費用」として、「利益」を推計するように心がけます。（ただし、もし負担が大きいようであれば、最初から無理をする必要はありません。）

　このようにすることで、「新規」顧客に対する戦術と「再購入」顧客に対する戦術とを、別々に考えることができるようになります。

017

4. 見つけ出した「売れる顧客」に売るための戦術

（1）戦術に優劣をつける

無駄なコストをかけない

　顧客分類によってターゲットとする顧客を明らかにしたら、次に、採るべき戦術を具体的に描いていきます。

　ここまでで顧客分類の流れについて解説してきましたが、なぜこのように手間のかかることをするのかと疑問に思う読者もいるかもしれません。しかし、あらゆる顧客に一律に営業をする場合や営業パーソンの感性に頼って営業する場合を想像すれば、ターゲットとする顧客が明確になっていることの価値を理解してもらえるのではないかと思います。

　無駄なコストをかけずに、必要な顧客にだけピンポイントに手厚いサービスができれば、それだけ自社商品を買ってもらえる機会が増え、かつ継続的に顧客に選ばれる商品とすることができるからです。

有効な戦術に絞り込む

　マーケティングのフレームワークは数多くありますが、これらのいずれを用いたとしても、しっかりと顧客分類ができていなければ、効果のある戦術を絞り込むことはできません。なんとなくのフィーリングで効果のありそうな戦術を選ぶのであれば、無数に存在するからです。

　しかし、しっかりと顧客をセグメント化することで、営業するべきターゲットが明確になり、これらのターゲットについての利益とコス

第1章　「売れる顧客」を見つけ出す

図表1-7　考えられる営業戦術と顧客分類による効果（一例）

	マーケティング戦術（一例）	顧客分析が生み出す価値（一例）
商品・サービス	● 商品やサービスを組み合わせてセット販売をする	● 対象顧客のプロファイルを知ることで、併せ売りができる ● 同様に、継続購入をさせたり、自社製品に囲い込むプランをつくりやすい
価格	● 購入頻度に応じた割引きを付与する ● 購入金額に応じたポイントを付与する	● 顧客層別に最適な販売価格の検討ができる ● あらかじめある程度の収益性を検証できる
チャネル	● 販売のための代理店を増やす ● Web購入サイトをつくる	● 顧客層別、チャネル別に販売数・販売率が把握できる ● 販売代理店に支払うインセンティブ体系をつくりやすい
販促	● 対象顧客に紹介DMを送る ● マス広告にキャンペーンを掲載する	● 顧客の反応を蓄積することで、プロモーション効果が確認できる ● 対象顧客別に施策を出せるので、コストを最小に抑えられる

トの関係も明らかになります。

　顧客セグメントごとに利益とコストの関係が明らかになっていれば、打つべき戦術にも必然的に優劣をつけることができます。

　考えられる営業戦術の例には、以下のようなものが考えられます。

・商品やサービスを組み合わせてセットで販売をする

・購入回数に応じた割引きをする

・購入金額に応じたポイントを付与する

・販売のための代理店数を増やす

・Web購入のサイトをつくる

・ターゲット顧客にDMを送る

・マス広告にキャンペーン情報を載せる

019

（2）顧客分類からペルソナ[2]へ

顧客分類は修正を繰り返していくもの

　顧客を分類する目的は、効果的な戦術を決定しやすくするためです。そして、その戦術も一度決めたら終わりというものではありません。営業活動を続けている限り、常に戦術を洗練していかなければ厳しい競争に打ち勝つことはできません。

　営業活動をしたならば、その結果を集約し、顧客分類にもフィードバックしていきます。最初はあいまいな基準で分類していた顧客セグメントも、実際の営業活動を繰り返すことによって、より効果のある分類の仕方が見えてくるからです。

　顧客の分類の仕方が変われば、顧客セグメントの数や中身も変わり、顧客セグメントが変われば、効果的な戦術も変わってきます。このことが、営業の成功率を高め、営業にかかるコストを減らし、顧客から得られる利益を高めていくことになるのです。

追加情報が得られたらセグメントを修正する

　そのため、一度行った顧客分類も、1回やれば終わりということではありません。何らかの企業活動によって（営業活動にかかわらず）、顧客に関する追加的な情報が得られたならば、それをもとに修正をし

2　ペルソナとは、もともとは古典劇における「仮面」を表す言葉でしたが、それが転じてマーケティングにおける典型的な顧客像を指すようになりました。旧来の顧客像といえば、主に、人口統計学的な分類である性別、年齢、居住地、年収などによる分類や心理学的な要素である価値観やライフスタイル、性格などによる分類によって表現されてきました。ペルソナでは、さらに、氏名、年齢、居住地、職業、年齢、価値観やライフスタイル、身体的特徴までかなり詳細で具体的な情報が盛り込まれます。

ていきます。最初は、負担のない範囲で半年に1回や数ヵ月に1回の
ペースでも構いません。

　顧客セグメントの分類基準を変更したり、分けるグループ数を変更
したりしていくうちに、顧客への営業成功率が上がっていくことを実
感するはずです。実感が得られれば、これらの作業も負担ではなくな
り、高いモチベーションをもって進めていくことができるようになり
ます。

顧客セグメントに意味づけをする

　顧客を類似するグループに分類する作業は、ある程度までは機械的
にできます。しかし、これらのグループがどのような顧客であるのか
の意味づけは、なかなか機械的にできるものではありません。ここは
どうしても手作業で行う必要が出てきます。単に顧客データを眺める
だけではなく、実際に顧客と会った情報や自身の経験も踏まえて意味
づけをしていきます。この意味づけも必ずしも正解があるわけではあ
りませんが、何度かやっていくうちにしっくりくる意味づけができる
ようになるはずです。

　読者の中には正解のないものに対して、そのように無駄な労力をか
けるのかと思う人もいるかもしれませんが、この作業は決して無駄に
なることはありません。ターゲットとする顧客セグメントが、一体ど
のような顧客であるのかという顧客像が明確になればなるほど、しっ
かりとした成功率の高い戦術をつくりあげることができるからです。

顧客セグメントへの意味づけが戦術を浮き彫りにする

　11ページの図表1-5の右上のセグメントは、利益が高く、販売コ

021

ストの安いグループでした。たったこれだけの情報が整理されている
だけでも、格段に営業活動がしやすくなるのではないでしょうか。

　たとえば、この右上のセグメントに分類された顧客のみをリスト化
して営業をかければ、すべての顧客の中からランダムに営業をかける
よりも、確実に高い販売成果が期待できます。

　しかし、これらの情報だけでは、このセグメントに属する顧客がど
のような顧客なのかのイメージがつきません。これらの顧客のイメー
ジ（なぜ利益が高くて、販売コストが低いのか）がはっきりすれば、
さらに営業がしやすくなるのではないでしょうか。

　たとえば、これらの顧客に、「利便性志向の優良顧客」（生活の質を
上げるためには比較的お金をかけやすい顧客）との意味を与えたとし
ます。ここに、さらに一歩進んだ意味づけを加えてみます。たとえ
ば、「世帯収入は平均世帯より50％以上高く、夫婦共働きで子供がお
り、教育と住環境にはお金をかけるが、それ以外の支出には消極的。
しかし、キャンペーンには敏感に反応し、わずかな値下げでもうまく
購買意欲を高められる顧客」などです。

　顧客グループのイメージがここまで明確になれば、営業戦術もはっ
きりとしてきます。

顧客分類の意味づけも修正していく

　ただし、ここで注意が必要なのは、この意味づけも誤りである可能
性があるということです。そのため、顧客の意味づけについてもセグ
メンテーションと同様に、試行錯誤が必要です。実際に営業活動をし
てみると、想定していた意味づけと合っていなかったり、顧客の属性
情報に誤りが見つかったりします。そのため、都度、情報を更新して

図表1-8 顧客分類の進化イメージ（単なる分類からペルソナ化へ）

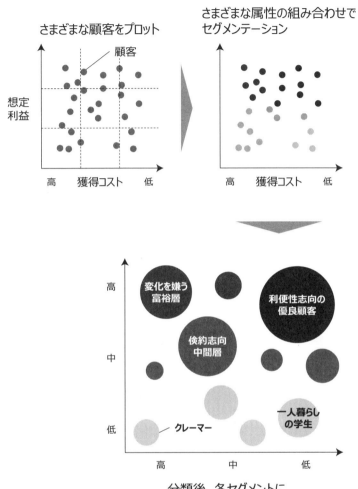

いくように努めます。

　ここに一手間かかることは確かですが、営業パーソンが思いつきで営業戦術を考えるような場合と比べたら、おのずと大きな差が表れてきます。

（3）マーケティング戦術を決定するプロセス

顧客を分類することで、顧客にアンテナを向ける

　ここまでで説明しましたが、顧客を漫然ととらえるのではなく、効果的な営業施策を素早く打ち出せるように、意味のある顧客セグメントをつくるようにします。そして、一度セグメント分けをしたら、実際の営業活動の成果を眺めながら、必要な修正を加えていくようにします。

　このような取組みを始めると、自然と顧客の動きにアンテナを張り、得た情報を顧客分類に反映できるようになります。目まぐるしく変わる世の中や顧客心理にも目配りができるようになり、無駄のない「売れる営業活動」にしていくことができます。

あらゆる営業活動は、顧客分類から始める

　効果的な営業施策を打ち出すためには、顧客のことをよく知らなければなりません。10人や100人にアプローチをするだけであれば、実際に顧客と会った情報を自分なりに整理して、個別の対応ができるかもしれません。しかし、この数が千人や1万人を超えたらどうでしょうか。もう、個別に管理していくことはできなくなってしまいます。

第1章　「売れる顧客」を見つけ出す

非常に狭い商圏を考えても、自社製品を買ってくれる可能性のある潜在顧客はあっという間に千人、万人を超えるはずです（実際に買ってくれた顧客ではなく、買ってくれる可能性のある顧客の数です）。

　そのように考えると、あらゆる営業活動をする人は、このような顧客分類をしておいたほうがいいということになります。

顧客データを整理しておく

　顧客のセグメント分けをより精緻に、素早く行うためには、顧客に関するデータがしっかりと集積され、整理されていなければなりません。

　日頃の営業活動の中で、どのようなデータ取得ができるのか、そして、それは誰ができるのか、どこに保存するのか、誰が管理するのか、誰がアクセスできるのか、などをしっかりと決めておかなければなりません。

　たとえば、顧客ごとに、契約内容、購買商品、電話履歴、来店情報、施策ごとの投下コスト、施策ごとの反応率（効果）、アンケート結果、アンケート回答率、居住エリア、DM発送履歴、メール送信履歴、会員サイト登録有無‥‥などのデータをしっかりと収集し、保管し、すぐに使える状態にしておかなければなりません。

個人で行う場合と、会社で行う場合

　もし、これらすべての仕事を一人で行っているのであれば、データベースも個人でつくれば問題ありません。しかし、もし会社で組織的に取り組んでいるのであれば、社内での部署ごとの役割分担をはっきりとさせる必要があり、連携して進めていくことも必要になります。

この場合には、マーケティング部門や営業部門にとどまらず、広報部門などその他の広範な部門にまたがることもあります。そのため、単独の部門だけでは実現できないことも出てきます。本来マーケティング活動とは、会社全体で取り組むべきものですので、当然のことといえます。このあたりの進め方については、後の章で詳述します。

何より大切なことは、仮説検証を高速で繰り返すこと

　これらの一連の活動を効果的にタイムリーに実施できるようにするためには、各マーケティング施策をすぐに実施できる体制と、それらの結果を集約して、タイムリーな検証と修正を行える仕組みをつくることが必要です。

　極論すれば、何かマーケティング活動を1つしたら、すぐにその結果を実施中の施策に反映させて、より効果的なマーケティング戦術へと軌道修正していくのです。

　これは取りも直さず、マーケティング活動のOODAループ[3]をいかに効果的に高速で回転させていくかということに尽きます。本書では、これら一連の活動を「**マーケティングOODA（以下では、マーケティングウーダ）**」と呼びます。マーケティング活動を真の成功に導くためには、OODAループを高速で回転させる仕組みをつくることが必要です。

　なお、マーケティングウーダについては、第2章で詳述します。

3　後の章でも解説しますが、OODAループとは、アメリカ空軍のジョン・ボイド大佐が提唱した理論であり、Observe（観察）、Orient（仮説構築）、Decide（意思決定）、Act（実行）を繰り返す意思決定方法です。OODAは、「ウーダ」と読みます。もともとは航空戦に臨むパイロットの意思決定を対象としていましたが、現在ではビジネスや政治など、さまざまな分野で導入されています。

第1章　「売れる顧客」を見つけ出す

5. 多面的な顧客理解で最適な戦術をつくる

（1）多面的な顧客理解がOODAループを高速化する

　自社にとってもっとも効果の高いマーケティング戦術を決めるためには、多面的に顧客を理解する必要があります。多面的な顧客理解とは、たとえば、商品ごとやサービスごとではなく、あらゆる物事や情報に横ぐしを刺して、総合的に顧客を知るということです。そのためには、あらゆる機会を通じて収集した顧客情報を、整理して管理しなければなりません。

　このように多面的に顧客理解をすることで、マーケティングの成功率を上げていくことができます。それゆえに、マーケティング施策を実施した際には、すみやかに仮説検証を行い、顧客分類へと結果をフィードバックしていくことになります。顧客分類を精緻化することは、顧客理解の精度を高めることにつながるからです。

　顧客理解の精度が高まると、以下のような効果を生み出します。

・マーケティング施策による、新規顧客の獲得と既存顧客の囲い込み
・ターゲット顧客に合わせた最適な施策実施による営業成功率の向上
・スピーディな検証・改善を繰り返すことで、さらなる営業成功率の向上
・限られたリソースの有効活用
・重要な顧客の判別による、メリハリのある施策実施
・オンライン（Webなど）とオフライン（リアル店舗など）を融合させた最適なチャネルで顧客対応ができる

027

図表1-9　多面的な顧客理解による最適戦術の見極め

**多面的な
顧客理解
（O:観察）**

- 商品・サービスに横ぐしを刺し、事業横断でアプローチするべき顧客を見極める
- 部署の枠を超えて顧客情報を収集し、最適な施策立案につなげる

**施策の
実施と
検証
（O:仮説
D:決定
A:実行）**

チャネル

商品/
サービス

価格

販促活動

- 購買・他社切り替えの状況をタイムリーに把握し、いま「何が起こっているのか」を多面的に捉える
- 施策の効果を速やかに検証し、改善を繰り返す

図表1-10　多面的な顧客理解からのマーケティングウーダ

**マーケティング施策による
購買率の向上・離反防止**　　　**限られたリソースの有効活用**

顧客一人ひとり
にあったサービス

速やかな
施策展開

濃淡をつけた
対応

多面的な顧客理解

- 商品・サービスを総合して把握
- 顧客獲得や顧客離脱の状況をタイムリーかつ多面的に把握

施策のOODAループ

- 顧客に合わせた施策立案
- 速やかな効果検証・改善

OODAループの構築　　　**データの整備**

第1章　「売れる顧客」を見つけ出す

(2)「売れる顧客」を見つけることは、営業戦術を見つけること

　一般に、上位2割の「優良顧客」で、全体の売上の8割を占めるといわれています。

　「優良顧客」の定義は、営業戦略や顧客セグメントの考え方によっても変わりますが、本書では、「利益が大きく」、かつ「営業にかかるコストが小さい（営業成功率が高い）」としています。

　このような顧客にピンポイントでアプローチをかけることができれば、無駄なコストをかけずに、適切に必要なアクションをとることができるようになります。これが優良顧客を"見つけ出す"ことの価値だといえます。

　そして、ひとたび見つけ出した売れる顧客は、大切な顧客として守っていかなければなりません。これが顧客「維持」という活動になります。

　次に、今後も継続して買ってくれるようにしていく活動も必要となります。新製品が出たときなどにも、これらの売れる顧客にまず買ってもらえるようにすることが肝要です。

　これが顧客「育成」という活動です。

　そして、最後に、いつの間にか無関心になってしまったり、他社商品に乗り換えてしまう顧客も出てきます。これを防ぐのが「休眠・離脱の防止」という活動です。

　これらの一連の効果的な営業活動も「売れる顧客」を見極められているからこそ、できる活動です。

　ただし、「売れる顧客」はただ見つければいいというものではあり

ません。これらの顧客の特性をしっかりとつかんで、適切にかつタイムリーに必要なアクションを起こしていかなければなりません。特に現代のような変化の激しい時代にあっては、いかなる優良顧客といえども、明日も自分の優良顧客であり続ける保証はどこにもないからです。

　そのためにも、できることならば顧客の「性別」「年代」などはもちろん、これらに加えて「ライフスタイル」情報も把握しておくようにします。

　ライフスタイルを把握することができれば、その顧客のことをより深く理解することができて、必要な情報を必要なときにタイムリーに提供することができます。これによって、顧客との関係性をさらに強固なものにしていくことができるようになります。

　また、顧客の属性や来店回数などの定量的な情報だけに留まらず、将来的には、顧客との対話内容や表情の変化などの定性的な情報も蓄積し、マーケティング活動に活かせることが望ましいといえます。

　顧客と接したときの生の声やトーク内容による顧客の表情の変化なども、今後はしっかりと有益な情報としてマーケティング活動に反映していかなければならないことでしょう。顧客は合理的な判断だけをするわけではありません。むしろ、合理的ではない部分にこそ人間を扱うことの真のおもしろさがあるのではないでしょうか。合理的ではない部分にこそ勝敗を分ける重要な要因が隠されているのです。

　たとえ全く同じトークをする営業パーソンのAさんとBさんがいるとして、「またAさんになら会っても構わない」「Aさんの話なら聞いてみたい」と思われるのは、合理的な部分だけで説明のつくものではありません。A店舗とB店舗や、AサイトとBサイトも同じです。

第1章　「売れる顧客」を見つけ出す

図表1-11　顧客理解による3つの活動

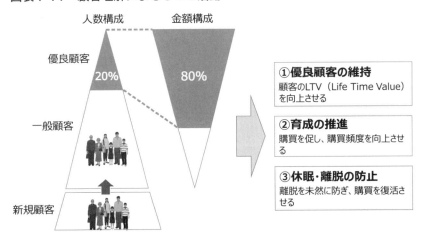

図表1-12　ライフスタイル情報がもたらすセグメンテーションの価値

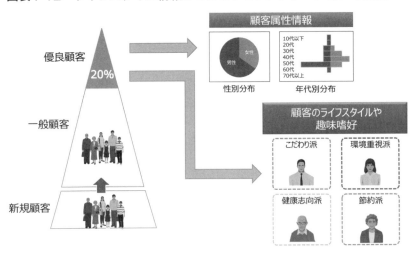

また訪れたいと思う要因は、定量的な情報だけでは説明のできないこともあります。これらに適切に対処するためには、しっかりと定性的な情報も蓄積することで、定量的な情報に変えていき、定量的に分析をすることで、そこから得られた知見を施策に即時に反映させて、顧客の合理的ではない感情に訴えかけるということが大切になります。

　筆者は、マーケティング活動においては、これらの定量と定性のバランスが重要と考えています。そして、このバランスはおそらく扱う商材や対象とする顧客によって変わってくるものでしょう。顧客の合理的な判断を引き出すためには定量的なデータの裏づけが必要であり、合理的に説明のできない行動を引き出すためには定性的なデータが必要なのです。マーケティング活動の醍醐味とは、人間の複雑な感情を動かすことだと考えています。

OODA COLUMN 利益とコスト以外の軸を取ってみる

　顧客を分類することの大切さについて、ご理解いただけたことと思います。本書では、まずは利益とコストを軸に取って分類することをすすめています。これは、どのようなマーケティングを行うにあたっても基礎として使用できる大変便利なものだからです。

　しかし、だからといって他の軸を取ってはいけないということではありません。たとえば、以下のような分類も考えられます。

　こちらは、縦軸には利益への貢献度合いを取ります。横軸には訪問営業が好まれる度合いを取ります。このように分類をすると**図表1-13**のような顧客分類ができます。もうわかりましたね？　このように分類をすれば、顧客に好まれる方法で顧客にアプローチすることができるようになります。同様に、自社が取りやすいアプローチもわかるようになります。ある顧客にはDMが適していて、一方、別の顧客には訪問営業が適していることがわかります。

図表1-13　顧客に適したアプローチ方法による分類

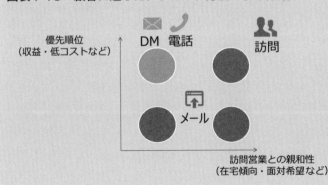

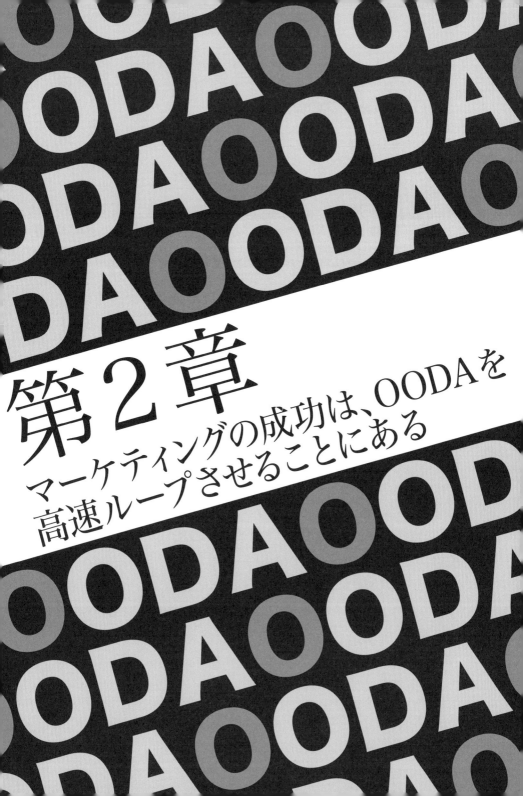

第2章
マーケティングの成功は、OODAを高速ループさせることにある

1. OODAループの概要

　そもそもOODA（ウーダ）とは何か？　OODAとは、Observe（観察）、Orient（仮説構築）、Decide（意思決定）、Act（実行）の頭文字を取ったもので、「ウーダ」と読みます。

　OODAループは、米国の戦闘操縦士であり航空戦術家でもあるジョン・ボイドが開発した戦略思考方法であり意思決定方法です。この意思決定方法の特徴は、行動に移す「スピード」にあります。どんなに先の見通せない不透明な状況にあっても、迅速に判断を下し、すぐに行動できるようにするものが、OODAループです。

　ここでループといっているのは、これらのObserve、Orient、Decide、Actを何度も繰り返すからです。おおむねObserve→Orient→Decide→Act→Observe‥‥のように繰り返しますが、いわゆるPDCAサイクルのようにこの順番がきっちりと決まっていないことも特徴です。どのプロセスから始めてもよく、順番を入れ替えても構いません。

　このことは、PDCAサイクルが立てた計画に従うことを前提としているのに対して、OODAは目指すべきビジョンに従うプロセスだということができます。ビジョンを実現するためには、実行計画も臨機応変に変更する必要があるのです。

　また、PDCAにおいては、最後のActionまでには3つもプロセスがあるため、すぐには実行しにくい管理プロセスだといえるかもしれません（もちろん、これを改善するための取組みが多数なされています）。一方のOODAは、そもそも迅速な判断とスピーディな実行を前

第2章　マーケティングの成功は、OODAを高速ループさせることにある

図表2-1　マーケティングウーダループの概念

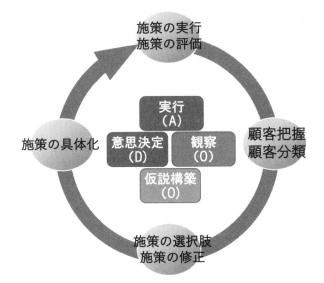

提に開発されていますので、現代のようなVUCA[4]時代においては、想定外の問題が頻繁に発生することが普通ですので、現場レベルで迅速に問題を発見し、すぐに対応していくことが望ましいといえます。まさに、OODAループとは、VUCA時代に適した戦略思考方法だといえます。

　昨今のマーケティング活動も先を見通すことは困難です。それゆえに、従来のように時間をかけてかっちりとした計画を考え、大規模に

4　VUCA（ブーカ）の4つの頭文字のそれぞれの意味は、以下のとおりです。
　・Volatility：不安定で変化が激しい時代
　・Uncertainty：不確実性が高く先行きが見えない時代
　・Complexity：さまざまな要素が複雑に絡み合う時代
　・Ambiguity：ものごとの因果関係があいまいな時代

実行するというよりは、顧客を観察することで仮説を構築し、素早く小さな実験を繰り返しやってみることが何よりも大切になります。OODAを開発したジョン・ボイドも「40秒ボイド」の異名を持つほどに、意思決定と行動に移すスピードが速かったといいます。

　ただし、OODAはPDCAと対立する概念ではなく、また対比させるべき概念でもありません。計画をしっかりと実行させるという意味において、PDCAは必要なプロセスです。ダイナミックなOODAに対して、その中の一部として計画された内容を実行していく場合には、PDCAサイクルも有効に機能します。

2. マーケティングウーダを高速ループさせる

(1) 高速ループさせることで目指すもの

目指す姿は何か

　OODAを高速に回転させることで、抱える課題をすばやく発見し、軌道修正しながら課題解決を積み上げていくことができます。

　具体的に目指すべき姿は、以下のようになります。

① 顧客にかかわるあらゆる情報を詳細化および統合することで、顧客理解を深める。

② 顧客の利益率やロイヤリティによって、顧客対応に濃淡をつける。さらに、セグメントごとの特性に応じた最適な施策を実行できる。

③ リアルな接点とWebなどのバーチャルな接点とを使い分けて、

図表2-2 マーケティングウーダで目指す姿

	変えるべき現状		目指す姿
顧客理解	業務ごとや部門ごとに、別々に顧客情報を保持している	→	顧客にかかわるあらゆる情報を詳細化および統合することで、顧客理解を深める
施策展開	一律の施策展開・顧客対応しかできない	→	顧客の利益率やロイヤリティによって、顧客対応に濃淡をつける / セグメントごとの特性に応じた最適な施策を実行できる
顧客体験	リアルとWebがバラバラに機能している	→	リアルな接点とWebなどのバーチャルな接点とを使い分けて、連続的なアプローチができる
OODAスピード	緩やかなサイクル（月〜年単位）	→	市場の変化に対して、迅速に対応ができる（日・週・月単位）

連続的なアプローチができる。

④ 市場の変化に対して、迅速に対応ができる。

この姿を意識しながら、OODAループを回していくようにするといいでしょう。

マーケティングウーダの実現イメージ

それでは実際のマーケティングウーダはどのように回していったらいいのでしょうか。その実現イメージを図表2-3に示しました。

本書の最初に説明しましたが、何よりもまず顧客を分類することで重要な顧客を判別します。ここでは、顧客ごとの利益とコストの関係から顧客を分類することをおすすめします。こうして分類された顧客セグメントに対して、今度は意味づけをしていきます。このようにすることで、それぞれのセグメントに対する最適な施策を見つけること

図表2-3　マーケティングウーダの実現イメージ

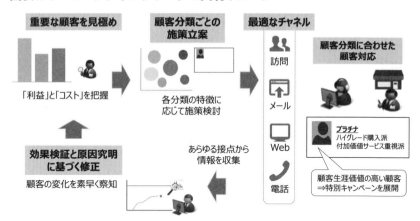

ができます。そして、最適なチャネルも選ぶことができます。

　これらの施策に基づき、顧客から申し込みや問い合わせを受けたときにも、それぞれのセグメントの特性に応じて差別化した対応ができるようになります。そして、随時、顧客からの応答などの情報を収集し蓄積していきます。これらの結果が施策の検証につながり、検証結果に基づいた行動修正が素早くできるようになります。

　つまり、顧客ごとにメリハリのある施策をつくりだし、最適なチャネルで効果的に実施し、結果を素早く検証して、すぐに施策改善ができることがマーケティングウーダの実現イメージです。

(2) 高速ループさせる効果

OODAを高速ループできれば、施策効果が高まる

　効果的な営業活動を展開するためには、最初に定めた営業活動をそ

のまま継続するというよりは、常に結果を検証し、迅速に軌道修正を
しながら進めていく必要があります。

　1つの営業施策が全部終わってから検証をして次の活動に活かす、
という検証による改善がしっかりと行われている職場は多くありま
す。（やりっぱなしで何の検証もしないというのは、もちろん論外で
す。）

　もちろん、これでも効果はありますが、もしこのサイクルをもっと
短縮できたらどうでしょうか？　1つの営業施策がすべて終わるまで
待たなくとも検証できることは多々あります。そういったすぐに検証
できる項目についてだけでも、すぐに検証し、実行中の営業施策に反
映させることができるならば、今よりももっとマーケティング効果を
高められるはずです。

マーケティングを考えることは、経営を考えること

　マーケティング活動にかかわるOODAを短縮し高速ループさせる
ことができれば、営業戦術の成功確率を高め、投下費用に対する利益
を高めることができます。顧客を適切にセグメント分けし、その後も
顧客の変化に合わせてセグメントに修正を加えていくことで、市場と
顧客の変化に合わせた営業戦術を素早く打ち出すことができるように
なります。

　すなわち、マーケティング活動をするということは、自社商品の販
促という領域をはるかに超えて、自社サービスの品質を高め、業務を
効率化することにもつながります。

　さらに、この活動によって、マーケティング活動のためのデータ分
析・仮説構築などにかかる時間や負担も軽減させることもできます。

図表2-4　OODAループによるマーケティング活動の全体像

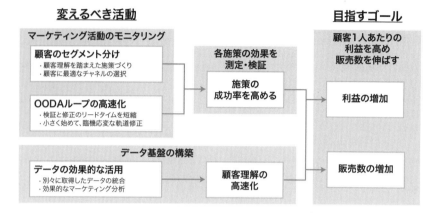

　マーケティングウーダにおいて大切なことは、図表2-4のように各取組みの位置づけを明確にすることです。

　仮に、目指すゴールを以下の2つとします。①利益の増加と②販売数の増加です。

　そして、これを効果的に達成するためには、各マーケティング施策の成功率を高めなければなりません。同時に、マーケティング活動自体を省力化していく必要もあります。そのためには、しっかりとしたデータ基盤を構築し、短いサイクルでの仮説検証と施策への反映を繰り返していくことが必要です。データをすぐに分析できる形で保管し、データの加工や分析にかかる手間を減らせるように、定型的な分析は自動化しておくなどの工夫も必要です。

　さらに、マーケティング施策の成功率を高めるためには、効果的に顧客のことや市場環境のことを知る必要があります。そのために、顧客分類の精度を高めていきます。必要に応じて、アンケートやヒアリングによって顧客理解を補完して深めていきます。

(3) 高速ループに必要なこと

OODAループの仕組みをつくる

マーケティング部門・営業部門などが連携してOODAループを行える業務プロセスをつくることが大切です。そのためには、それぞれの部門が連携しやすいように、具体的に業務プロセスの中に連携しやすいように業務を組み込んでいくことが大切です。

たとえば、施策結果をすぐに共有するためには、いずれの部門からも共通のフォルダにアクセスできるようにすることなども、簡単ですがすぐに効果の出る方法です。ほかにも、共通のファイルに上書きしていくようにしたり、下世話ですが、報告書は連名で作成するなども効果の高い対応です。これらは連携を高めると同時に、決して他人事にさせないための方法でもあります。

データの整備

業務プロセスをしっかりと設計したとしても、かけ声や熱意だけでは新たな業務プロセスは実行されません。確実に実行されるように、職場環境と使いやすいツールを整える必要があります。具体的には、以下のような整備をすることを念頭に置くといいでしょう。

① 業務ごとや部門ごとにバラバラにある情報を統合して、共通のデータベースをつくる。

② 顧客情報を最新のものに更新できるように、アクセスしやすい共通ファイルをつくる。

③ 定型的な分析は誰でも行えるように分析ツールを準備する。
（わざわざ専門部門や専門家に依頼しなくてもいい環境をつくっ

図表2-5　OODAの高速ループで準備すべきこと

OODAループの構築

- マーケティング部門・営業部門などが連携してOODAループを進めやすい業務プロセスを具体的につくること

データ基盤の整備

- 業務ごとや部門ごとに分かれている情報を統合する
- 顧客情報を最新のものに更新しやすいようにする
- メンバーが簡単に活用できる分析ツールを整備する

てあげること）

（4）OODAを高速ループさせるために必要なこと

別々にある顧客データを1つにまとめる

　扱う商品にもよりますが、顧客情報として管理すべき情報は多岐にわたることもあります。顧客本人に関する情報はもちろんですが、これに付随して家族構成などの情報が重要となることもあります。また、販売しようとしている商品とはまったく別の商品の販売実績など、一見関係がないと思われるデータであっても、顧客データとして一緒に管理したほうが望ましいといえます。

　具体的には、別々の部門で管理されている顧客情報を集約して、一元的に管理できるようにします。すぐには実現できない場合もありますが、いくつかのステップに区切って段階的に実施し、1つの大きなデータベースとできるようにします。これらのデータをフルに活用して、効果的にターゲット顧客を探し出せるようにしていくことが重要

図表2-6　顧客データの統合

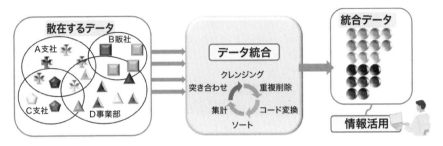

です。
　これらのプロセスは、企業内に散在する膨大で多種多様なデータの質を高めながら統合することで、ビジネスに活かせる情報に変換することに他なりません。

しっかりとしたサポート体制をつくる

　マーケティング活動を本当に効果のあるものにするために、従来の業務のやり方を変えたり、新しいツールを入れることもあります。このような場合には、計画的にユーザートレーニングを盛り込んで、確実に実施しなければなりません。これができない場合には、新たな業務のやり方やツールを使いこなすまでに無駄な時間を要することになってしまうからです。できれば、研修のみで終わらせずに、アフターサポートも準備しておくといいでしょう。具体的には、電話でのサポート窓口を設置したり、サポートできる人材をプールしておいて、要望があった場合には各職場に派遣するなどです。
　このようなサポート体制をしっかりとつくることで、マーケティングデータを単なる絵に描いた餅で終わらせず、真に実効性のある組織

体制へと進化させていくことができるようになります。

　（このあたりの詳細は、拙著『誰がやってもうまくいく！　最強の組織づくり』参照）

すぐに検証を行い、行動修正をする

　施策を実施したら迅速に結果データを集めて、タイムリーに検証を行います。これによってOODAループが回り始めます。このような活動をすぐに行えるようにすれば、効果のある施策と効果のない施策をすぐに見極められるようになります。さらに、効果のある施策の中でも、特にどの要素に効果があるのかなども明らかにすることができます。同様に、効果のない施策についても、何が原因で効果がないのかが明らかになります。

　これらの要素が明らかになれば、実施中の施策をより効果的なものへと修正を重ねていくことができるようになります。また、ここで得られた知見を次の施策へと反映させていくこともできます。これらによって、マーケティング施策をより効果的なものへと昇華させていくことができるようになります。

　迅速な検証によってすぐに行動を修正するということが組織に根づいていけば、自然と行動を起こしにくい風土も変わっていきます。何かに尻込みして実行に移せないということもなくなっていきます。やってみてダメならばやめればいいですし、修正することでうまくいくならばすぐに修正すればいいということが理解できるようになるからです。

すぐに結果を共有する

施策による効果は、部門を超えてかかわる関係者がいつでも参照できるようにしておくといいでしょう。これによって、関係者同士の協力関係を築きやすくなりますし、お互いに緊密な連携をしやすくなります。

また、同じ情報が共有されていれば、共通の議論の土台ができるために、何らかの検討や議論をする際にもスムーズに進められるようになります。

この共有するというのは、簡単なようでなかなか根づきにくいものです。たとえば、ある施策結果をメールで共有しても、受け取った側が見ない可能性もあります。同じ理由で、イントラに掲載したり、共有ドライブにアップロードしたりしても、関係者が確認しない可能性もあるからです。

ここでは地道な努力も必要になります。興味をもって見てもらえるようになるまで、共有ドライブに保存したり、メールを送ったりし続けなければなりません。何か象徴的な結果が出たときには、関係者を集めて直接説明するようにすることも必要です。

OODAループが回り始めると、誰かの共有情報を確認することはもちろんですが、自らも情報を共有しなければならなくなってきます。そのときに、他の関係者の共有した情報を確認していないというわけにはいかなくなりますので、いずれにしても自然と必要な情報が共有され、共有された情報は関係者がしっかりと確認するように変えていくことができます。

あらゆる時間軸のものを一元的に管理する

　短期的な施策を一元管理するだけでなく、中期的な施策も一緒に管理します。中期的な施策の中をブレークダウンすれば短期的な施策となり、短期的な施策を積み重ねると中期的な施策につながるようにすることが望ましいといえます。

　一見すればすばらしい短期的な施策を展開していても、中期的な施策やビジョンと一致していないということも往々にして起きる問題です。実施中の施策が短期的な視点のみにとらわれていたならば、中期的な施策とはリンクせず、本来の目指すべき姿からは乖離してしまうということも起き得ます。

　また、過去の短期施策についても、一元管理の中に入れておくほうが望ましいといえます。新たな施策を考えるうえでも、中期的な施策効果を確認するうえでも、過去の施策効果を参考にできることはきわめて有効だからです。

　このように、顧客情報と短期・中期の施策を一元管理することによって、施策効果を最大限に高めることができるようになり、検証と軌道修正のOODAループも高速で回っていくようになります。

第2章　マーケティングの成功は、OODAを高速ループさせることにある

OODA COLUMN

顧客分類を活かして営業No.1パーソンになれた！

筆者の知人は、本書の方法を実践しただけでトップクラスの営業成績を上げるまでに成長しました。自分の担当する顧客名簿から顧客を「売れやすい」順に分類し、1位から1,000位までの順位をつけました。

さらに、これらの顧客へのアプローチ方法についても工夫していました。彼がやっていたことは以下のとおりです。

- 顧客リストの1,000件のうち、まず500位〜1,000位までについて、電話でアポイントを取る。アポ取りの目標は50件とする。
- アポを取った顧客を訪問し、練習した××商品の提案をし、10件の販売をする。
- この経験を踏まえて、上位顧客1位〜500位について100件のアポを取り、50件の販売をする。

彼の目標の立て方で特に秀逸だったのが、顧客リストを上位と下位で2分割し、別々にアプローチをしたところです。もし、彼が何の戦略も持たずに最初から「とにかく売れればいい」と考えていたとしたら、手探りのままに最初から上位顧客にアプローチをかけていたことでしょう。目標を細切れにすることで、最高のコンディションで上位顧客にアプローチをすることができたのです。目標は具体的に決めることも大切ですが、細分化して、どの順番から取り組んでいくべきか順番を決めることも同じくらい大切なのです。

ここで、彼は、営業目標の立て方についても工夫していました。営業でトップの成績を上げたいとの目標を持っていましたが、いきなりそのような目標を掲げるのではなく、小さな目標に分解していたのです。

　たとえば、

　「×月の1週目には、商品ラインナップとそれらの商品の特徴をすべて把握する」

　「×月の2週目には、そのなかで自分が自信を持って提案できる商品を5つに絞り、営業トークを徹底的に磨き上げる」

　「△月には、××販売員の資格を取得し、××品質管理員の認定を受ける」

などです。

〔このあたりの詳細は、拙著『今すぐできて成果が上がる　最強の職場改善』（きずな出版）参照〕

第3章 マーケティングの根幹は「組織づくり」

1. マーケティングの最終解は「組織」に行き着く

（1）即座に動ける組織をつくる

　ここまでの説明でも触れたとおり、マーケティング活動を成功に導くためには、いかに顧客情報を整備・管理し、それらを効果的に分析し、施策に反映させていくかが重要となります。しかも、可能な限りスピーディに行う必要があります。

　個人で事業を展開している人にとっては、組織など無関係と思うかもしれません。しかし、仮にそうであったとしてもある程度の顧客数を抱えるようになれば、本書のような方法が必要になってきます。そして、それをすべて自分の力で行うというよりも、安価に外部の専門的なリソースをうまく活用するほうが効果的だということも起きてきます。その際には、やはり自分以外の外部リソースとの連携や役割分担などをしっかりと固めることが大変重要になります。

　ここでいう組織づくりとは、アウトソーシング先なども含めた組織づくりです。

（2）近い関係者から変えていく

目指す姿を共有することから始める

　新しい組織、新しい業務、新しいシステムなどに対する想いや考えを、まずは関係者と共有します。すべてはここから始まります。組織とは、単なる「箱」に過ぎません。その中にいる人が組織に命を吹き込んでいくものです。その組織の魂を実現するのも人です。

だからこそ、関係者を大事にし、目指す姿や想いを共有するように努めなければなりません。お互いに共通言語で話ができて、想いを共有し、共感できるようにならなければなりません。そのための道具が組織だといっても過言ではありません。どのような組織体制にするのかということは、関係者から共感を得るための道具です。組織のイメージがメッセンジャーの役割を果たします。

まずは自分と近い関係者から共感を得るようにし、最終的には、何も知らない人がその組織のメンバーになったとしても、これらの思いが受け継がれるように組織をつくらなければなりません。

アクションを起こす前に共感させる

マーケティング活動には多くの関連部門との連携が必要となるため、とにかく早い段階で関係者とのコミュニケーションを始める必要があります。特に、目指す姿の方向性については、早めにすり合わせをします。

今後やるべきことの優先順位や、各部門側の現行体制に配慮した連携の仕方について、合意しておく必要があります。これをしないで強引に進めようとすれば、途中で不満が噴出して頓挫してしまうこともあるため配慮が必要です。

小さく始めて大きく育てる

最初から大上段に構えて、大規模な組織改革をしようとしてはいけません。変化は少しずつでも構わないからです。大切なことは、この少しずつのスピードなのです。少しずつの変化をスピーディに起こしていくことに注力しましょう。そのようにすれば、着実に変化を起こ

せるからです。そして、着実に前進していきます。

　じっくり検討して、詳細まですべて固めてから動こうとする人がいますが、それではこの変化の激しい世の中の動きについていくことはできません。そして、何よりも大きな変化には大きな抵抗があることを忘れてはいけません。だからこそ、最終的には大きな変化を目指すのですが、ほんの少しずつの変化を重ねていきましょう。

　大規模な変化を起こそうとした場合には、途中での軌道修正を臨機応変に行いにくい弊害もありますが、小規模な場合にはそれほど苦労せずに軌道修正が行えます。順次、小さな課題を細やかに解決し、スピーディに軌道修正を繰り返していくほうが結果的にゴールにたどり着くのが早いのです。

　小さく始めて、素早く実行し、経験値と検証結果を蓄積して、常に改善を重ねながら育てていくことで、誰よりも早く目指すゴールを実現できるようになります。これこそがマーケティングウーダの醍醐味といえるでしょう。

積極的に関係者を参画させる

　一人ですべてを行うことは難しい場合も数多くあります。同様に1つの部門だけではできないことも数多くあります。そのような場合には、お互いの「できること」を持ち寄って、全体として整合のとれた活動にすることが大切です。ここでの役割分担のつくり方が、後々の組織設計の原型となります。

　そのためにも、各部門のキーマンとなる人を早い段階から巻き込みましょう。うまく巻き込めない場合には、簡単な助言を求めるようにしてもいいかもしれません。「××についてご意見をおうかがいした

第3章　マーケティングの根幹は「組織づくり」

い」「A案とB案ではどちらのほうがしっくりきますか」などと尋ねてみることも一案です。そこを入口に相談の幅を広げてみてください。

ここで注意が必要なのは、「何でもできる」は「何もできない」ことに陥りやすいということです。自身と他者の得手・不得手をはっきりとさせたうえで、役割分担をはっきりさせていく必要があります。

そのためには、改めて各部門が何をするのか、何ができるのかを見つめ直し、もっともOODAループを高速化できるような役割分担を見極めていくことが大切です。

新たな意思決定ルールをつくる

会社として初めての業務領域、初めての施策となることも出てくるため、数多くの意思決定が必要になることも予想されます。そのため、意思決定の経路と最終決定者をあらかじめはっきりと決めておく必要があります。部長決済だろうと思っていたら、後になってやっぱり本部長だというような事態は避けたいものです。

また、関係する部門が協働で進める必要のある案件において、ある意思決定が必要なときに、関係するすべての部門長の決済が必要なのかどうかも大変重要なポイントです。もちろん、全員の決済が必要となる場合もあるでしょうが、そうでない案件についてはどのようなルートで誰が決済するのかということを事前に決めておかなければなりません。

マーケティングウーダにおいては、意思決定のスピード感も大変重要です。意思決定の権限を定めたうえで、どれだけ承認プロセスを簡略化できるかも、この段階で検討しておくといいでしょう。

いつでも修正ができるようにする

マーケティング活動を迅速に行うためには、関係者（関係部門）同士の連携が不可欠ですが、必ずしも最初から業務の重複をすべて排除する必要はありません。最初のうちは業務範囲や役割に重複があっても、それを整理することに労力を注ぐよりは、許容して前に進む柔軟性も大切です。

目的やゴールが合意できていれば、多少の不都合があっても各部門の努力によって何とか進んでいくことができます。もちろん長らくこのような状態を放置するわけにはいきませんので、ある程度の経験と知見が溜まったら、最適な体制に修正することを前提として、まずは前進することを最優先させるといいでしょう。

マーケティングウーダは、あくまでも小さく始めて迅速に軌道修正をかけていくスタイルとするため、それに対応できる組織体制に向かわせていきます。組織体制を決めるまでも OODA ループが適用されるのです。

(3) マーケティング活動こそが経営の根幹となる

ここまでの説明でも明らかにしてきましたが、マーケティング活動を効果的に迅速に進めるためには、経営とマーケティングを融合させることが必要です。マーケティング活動とは、経営の根幹にあるべきものだからです。

マーケティング戦略に基づいて、すべての組織、チャネル、アライアンスなどを連携させ、そのうえにマーケティングシナリオをつくり、練り上げた施策を営業部門などに展開し、営業部隊をサポートし

第3章　マーケティングの根幹は「組織づくり」

続けることも必要です。

　マーケティング活動によってのみ、企業は利益を得ることができます。決して、経営企画や財務分析によって利益が得られるわけではありません。そういう意味で、筆者は、マーケティング活動こそが経営の根幹であると考えています。

マーケティング活動の１つひとつがプロジェクト

　マーケティング活動は、１つひとつがプロジェクトといえます。各部門が役割分担をして、臨機応変に、機動的に、かつ有機的に活動を展開していくことが、大きな成功のカギになります。そのような活動ができる組織・体制をつくることがマーケティング活動の成否を分けます。

　筆者の経験では、マーケティングに必要なデータ分析やそこから導き出される戦略・施策などよりも、むしろこの組織づくりのほうが大切といえます。マーケティング施策そのものは、よほどのことがない限り、他社よりも極端に秀でたものは打ち出しにくいものです。奇想天外で奇抜なアイデアだと思っていても、現実には競合他社が似たような施策を打ち出してくるものです。

　しかしながら、同じ施策であったとしても、その実行力には大きな差が生まれるのが普通です。どのような組織文化なのか、OODAループが根づいているかどうかなどが大きな差を生む要因となっています。それゆえに、筆者はマーケティング活動にかかわる部門の連携や意思決定のスピードなどを特に重視しています。

057

「組織」がマーケティングの成否を分ける

以上からも明らかですが、マーケティング活動の根幹は、難しい戦略を考えることでも競合の裏をかくことでもありません。ひとえに、「組織づくり」の仕方次第といえます。

効果的な施策を導き出すためには、各部門がどれだけ連携しやすい体制であるかが重要となります。そして、この連携のしやすさが、施策を打ち出すスピードや施策の実行にも大きくかかわってきます。連携のしやすい組織であれば、当然これらのスピードも速くなります。また、施策の効果検証をするにあたっても、どれだけ必要なデータが迅速にそろうかは、組織連携の度合いによって大きく左右されます。

それゆえに、マーケティングの成否は「組織」が握っているといっても過言ではないのです。

2. マーケティング組織のつくり方

（1）業務役割の定義の仕方

マーケティングウーダを効果的に回していくためには、営業部門などが属するフロント部門だけでがんばってもうまくはいきません。同様に、マーケティング戦略等を考えるミドル部門だけでもうまくはいきません。当然、マーケティングに必要なデータ分析等の後方支援を行うバック部門だけでもうまくいきません。

フロント、ミドル、バックの機能を明確にしたうえで、各々が有機的に連携しながらOODAループを回していくことが、真に効果的なマーケティング活動を展開する軸となります。

第3章　マーケティングの根幹は「組織づくり」

バック部門には、広くはIT部門等のシステム整備を行う部門も含みますが、筆者はこれらをフロント・ミドル・バックとは別に、サポート部門として区別しています。いずれにしてもこれら部門のミッションをはっきりと定義し、それぞれが単に独立して存在するのではなく、密接に連携し協力し合うことが当たり前であるような組織・体制をつくることが何よりも大切となります。

以下では、一般的なフロント、ミドル、バック、サポートの大まかな役割を説明します。

① フロント部門の役割

フロント部門の役割は、「顧客接点」です。自社商品を販売することはもちろんですが、それだけに限らず、顧客との接点をつくりあげていくことがきわめて重要な役割です。

顧客に対して、適切なタイミングと内容で電話やメールなどによりアプローチを行い、場合によっては客先訪問も行います。

そして、特に重要な役割には、これらの活動を通して、顧客情報を収集し蓄積していくことがあります。これらによって得た顧客情報が、効果的なマーケティング活動を進めるうえでの基礎となるからです。顧客データやそれに基づいた仮説なしにマーケティング活動を展開するということは、勘に頼った行き当たりばったりの活動に他なりません。

マーケティングウーダの出発点は、データに基づく仮説です。この仮説を持つためにもデータを取ることはとても大切なことなのだと肝に銘じなければなりません。フロント部門とは、単に顧客と接触を図る部門ではなく、あらゆる顧客の情報を収集することも大変に重要な

059

ミッションなのです。

②ミドル部門の役割

ミドル部門の役割は、「顧客接点のための支援」と「マーケティング施策の立案」です。先のフロント部門の顧客接点を例とすれば、いつどのタイミングでどの顧客に電話または訪問するのがもっとも効果が高いのかなどを明らかにすることがミドル部門の役割といえます。

ミドル部門は、効果の高い活動の仮説を提示し、その仮説を検証するのに必要な活動計画も提示します。これをもとにフロント部門が実行し、そこから得られたデータを随時検証していくことで、より効果の高いマーケティング活動へと修正していくことになります。

このことからもわかるとおり、マーケティング部門と営業部門は一体不可分です。本来は一体となるべきものですが、役割の違いによって便宜上分かれていると考えておいたほうがいいでしょう。

③バック部門の役割

バック部門の主な役割は、「分析と検証」です。大規模な組織を除いては、ミドル部門がバック部門の役割も併せて担う場合もあります。このことからもわかりますが、このバック部門も本来はミドル部門とは一体不可分のものです。

しかし、ここでは役割の違いを明確にするために、あえてバック部門として切り離しています。マーケティングにかかる分析が専門的かつ複雑になってくると、マーケティング部門だけでは分析業務を担えなくなることがあります。これには専門的で特殊なスキルが必要となることもあるからです。グローバルな電気機器メーカーなどでは、こ

第3章　マーケティングの根幹は「組織づくり」

のような分析業務は専門スキルを持つ研究所が担うといったケースも
見受けられます。

そして、この機能をマーケティング部門からあえて切り離すのに
は、別の理由もあります。客観的で第三者的な視点からのマーケティ
ング活動の評価をしなければならないからです。この機能がミドル部
門の中にある場合には、意図しなくとも、都合のいい検証をしてしま
うこともあります。

特に統計データの解釈においては、このような誤謬が起きやすいの
で注意が必要です。同じ統計データであっても、見方によってはさま
ざまな解釈ができてしまいます。だからこそ、確実に中立的な視点で
の解釈ができるように、あえてミドル部門とは組織的に別の部門が担
うようにすることも大切な視点です。

④ サポート部門の役割

ここでのサポート部門の役割は、主に「IT」を指します。ここまで
に述べたデータ収集・データ蓄積もある種のシステムがなければ成立
しません。社内にはスプレッドシート（Excelなどの表計算ソフト）
しかないということもあるかもしれませんが、このスプレッドシート
であっても立派なシステムの1つなのです。

これらのシステムにデータを蓄積したならば、目的に応じて必要な
データを引き出せるようにしておかなければなりません。そして、デ
ータを引き出したならば、それを適切な方法で分析できるようにし、
適切な判断につなげられなければなりません。

たとえスプレッドシートであったとしても、その中に何らかのプロ
グラミングが必要になる場合もありますし、それらが正常に動くかど

図表3-1　マーケティングウーダにおける業務役割と組織

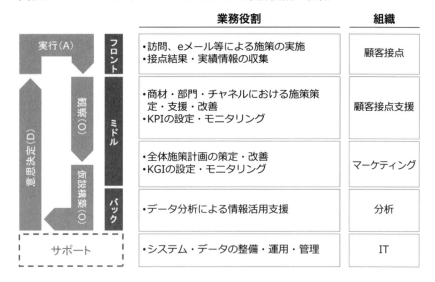

うかの点検・保守も必要になる場合があります。さらには、スプレッドシートだけでは対応できなくなった場合には、別途システム開発が必要となることもあります。これらの役割を担うのがサポート部門です。

なお、新たなシステムを導入する際には、サポート部門が主体となって、ユーザーへの説明や研修を行い、必要に応じて該当する職場に常駐して手助けをするなどのサポートも大変に重要な役割です。

以上のように、各部門の役割を定義し、それぞれの部門が有機的に連携するように業務を動かせるようにしなければなりません。マーケティング活動は、決して単独の部門だけで完結できるものではありませんし、マーケティングはマーケティング部門だけの仕事ではありま

せん。もしこのような認識を持っていたとしたら、すぐに改めなけれ
ばなりません。

　マーケティング活動とは、会社全体の活動であり、あらゆる部門が
有機的に連携して初めて効果的な活動ができるようになるものなので
す。

(2) フロント・ミドル・バックの役割整理

　マーケティング戦略部門、分析部門、施策立案・実行部門がそれぞ
れの役割において連携し、マーケティングウーダを推進します。ここ
では、フロント・ミドル・バックをもう少し細分化して見ていきます。

① フロントの編成

　ここでも便宜上、オフライン接点とオンライン接点の2つに分けま
す。もちろん同じ組織内にあっても、同じ人が担当していても構いま
せん。いずれにしても、顧客との接点となる部門となります。マーケ
ティングウーダに基づいて、抽出されたターゲット顧客に対して具体
的にアプローチを行います。また、施策を実施した結果と顧客情報を
収集します。

●オフライン接点部門

　個別のチャネルや商材におけるマーケティング施策の立案と実行を
行います。個別施策のターゲット抽出や、KPI[5]モニタリング（たとえ

5　KPIとはkey performance indicatorの略で、企業目標の達成度や進捗度を測定す
る中間指標です。KGIを達成するための各プロセスが適切に実施されているのかを定量的に
評価するために使用します。

063

ば、チャネル別の販売個数や契約件数など）・効果検証、改善活動などを行います。

●オンライン接点部門

Webマーケティング施策の立案・実行を行います。Web関係の施策のKPIモニタリング（たとえば、アクセス数やWeb獲得数など）を行います。

オンラインとオフラインの融合が盛んにいわれていますが、これが適切に行われている企業はまだほんの一握りというのが実態でしょう。オンラインからオフラインの流れをつくることも、オフラインからオンラインの流れをつくることももちろん重要ですが、オンラインとオフラインを同時に使うという工夫も必要になってくるかもしれません。

②ミドルの編成

ミドルには、顧客接点を支援するための部門とマーケティングを行う部門の2つの機能があります。

部門を横断したマーケティングの全体戦略・施策を立案し、購入者数や利益などの全社KPIと目標値設定、モニタリングなどを行っていきます。

●顧客接点支援部門

主に、以下の役割を担います。

・商材・部門・チャネルにおける施策詳細計画の策定およびKPIの
　設定
・施策ライフサイクル（開始、中断、変更、中止等）の管理
・設定したKPIのモニタリング

第3章　マーケティングの根幹は「組織づくり」

064

・顧客接点活動の支援

・KPI達成状況に応じた施策の改善

● マーケティング部門

主に以下の役割を担います。

・商材・部門・チャネル横断の全体施策計画の策定およびKGI[6]の
　設定

・設定したKGIのモニタリング

・KGI達成状況に応じた全体施策計画の見直し

③ バックの編成

　バックは、主に分析部門となります。顧客分類やターゲット選定の
ためのモデル作成などを行います。マーケティング部門では行えない
ような複数の要因にまたがった効果検証などの非定型分析や専門的な
分析などを分担します。新たなデータ活用の提案やインキュベーショ
ンなども行うといいでしょう。主に以下の役割を担います。

・データ・情報活用の支援

・定型外の顧客分類

・複雑なデータ分析に基づくターゲット顧客リストの作成

④ サポートの編成

　サポートは、主にIT部門となります。マーケティングウーダの業
務遂行に必要となるシステムやデータの整備を行います。システム運

6　KGIとはKey Goal Indicatorの略で、ビジネスの最終目標を定量的に評価するため
の指標です。一般的には、いきなりKGIを測定するのではなく、達成までの各プロセスに
KPIを設定し、適宜KPIを測定していきます。

用や全社的なデータ統合・データ管理も行います。システムの保守や修繕なども行っていきます。

（3）組織をマーケティングに向けて動かすための仕組み

全体を見渡せる仕組みをつくる

OODAを効果的に回していくためには、単に、商材ごとや販売チャネルごとに活動を管理できるだけではいけません。同じ商材であっても、AチャネルとBチャネルが別々にしか管理できないのではいけません。これらの成果を統合し、常に最適な施策を選択できるようにしておかなければならないからです。

もし、これらの管理が分断されているのであれば、分断されているデータを統合することで、マーケティング全体を俯瞰できる機能をつくることが必要です。全体を見渡し、全体を管理し、全体の中での位置づけとして個別のマーケティング活動を進めていく風土を根づかせていく必要があります。

共通ルールをつくる

マーケティング全体に対してルールを体系化して整備しておくといいでしょう。なぜならば、共通のルールがなければ、個別最適なマーケティング活動に陥りやすくなってしまうからです。そして、しっかりとしたルールがなければ、それを全体最適な活動へと引き戻すための手段がありません。一度動き始めてしまった活動を引き戻すためには、誰かの想いや志だけでは難しく、何らかの強制力が必要なのです。

第3章　マーケティングの根幹は「組織づくり」

マーケティング活動にかかわるすべてのメンバーが従うべき共通の
ルールをつくることで、全体として最適化されたマーケティング活動
へと昇華させていくことができます。

短期と中長期のOODAループをつくる

OODAは可能な限り高速ループさせる必要があります。しかし、
だからといってすべてのOODAが即日行えるわけではありません。
速く行えることは大切なことですが、意味のある評価と修正が行えな
ければ何も意味を成しません。

OODAの中には、事業計画の策定のように中長期のサイクルで検
証していく必要のあるものもあります。たとえば、3年計画を立てた
にもかかわらず、翌日に結果を検証してもあまり意味はありません。

一方で、インターネット申込みに誘導するためのバナー広告の効果
を検証する場合などは、もっと短期に行えます。たとえば、バナー広
告を3種類用意し、申込顧客数や顧客の年代・男女別などの違いによ
って、何が効果的で何が効果的でないかの検証は、もしかしたら掲載
してから数時間以内に行えるかもしれません。

このように、OODAは短期のものと中長期のものとを区別して、
それぞれについて可能な限り効果的に、速く回していくことが必要と
なります。

検証できるように施策をつくる

OODAを回していくうえで、もっとも大切なことは、効果的な評
価と修正が行えることです。したがって、そもそも実行計画を策定す
るときに、検証できるようにつくっておかなければなりません。

図表3-2　OODAの短期と中長期のループ

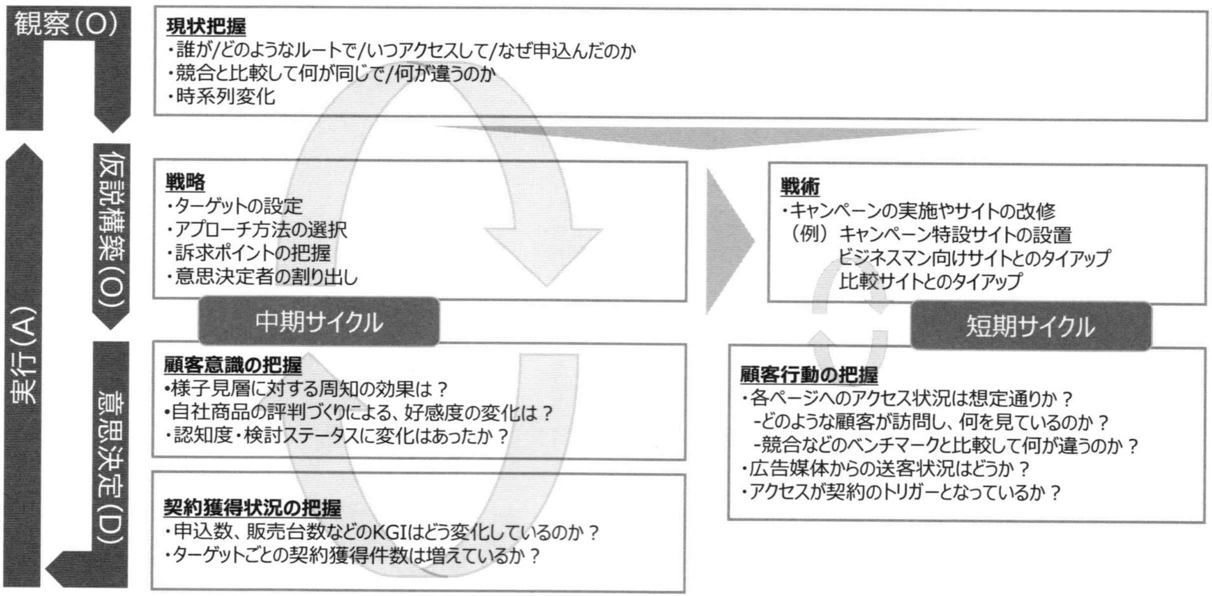

観察（O）

現状把握
・誰が/どのようなルートで/いつアクセスして/なぜ申込んだのか
・競合と比較して/何が同じで/何が違うのか
・時系列変化

仮説構築（O）

戦略
・ターゲットの設定
・アプローチ方法の選択
・訴求ポイントの把握
・意思決定者の割り出し

意思決定（D）

顧客意識の把握
・様子見層に対する周知の効果は？
・自社商品の評判づくりによる、好感度の変化は？
・認知度・検討ステージに変化はあったか？

契約獲得状況の把握
・申込数、販売台数などのKGIはどう変化しているのか？
・ターゲットごとの契約獲得件数は増えているか？

判断（A）

中期サイクル

戦術
・キャンペーンの実施やサイトの改修
（例）キャンペーン特設サイトの設置
　　　ビジネスマン向けサイトのタイアップ
　　　比較サイトとのタイアップ

短期サイクル

顧客行動の把握
・各ページへのアクセス状況は想定通りか？
・どのような顧客が訪問し、何を見ているのか？
・競合などのベンチマークと比較して何が違うのか？
・広告媒体からの送客状況はどうか？
・アクセスが契約成約のトリガーとなっているか？

第3章　マーケティングの根幹は「組織づくり」

一定期間後に検証することを前提にプランニングするのであれば、当然、いつ何を検証するのかを盛り込んで計画をつくることが必要です。

　こうしておけば、何をどのように検証しなければならないのかといった戸惑いもなくなります。分析のための分析に陥ることもなくなります。しっかりとした目的をもって計画し、効果を検証し、内容を修正していくことができるようになるのです。

3．データ基盤をつくる

（1）データから顧客を見極められるようにする

　顧客情報を単に蓄積していくだけでは、顧客の正確な姿をとらえることはできません。一方で、顧客の趣味・嗜好は多様化しており、必要となる顧客情報もますます複雑化しています。

　もしも別々の部門で顧客情報が別々に管理されているとしたら、これらのデータを適切に結合できるようにしなければなりません。顧客の氏名をキーとして結合する、いわゆる「名寄せ」という方法もありますが、同姓同名でないことを保証することはできません。同様に、住所や電話番号なども含めて突き合わせすることもできますが、登録されている電話番号が異なるということをもって別人だと断定できるわけではありません。さらに、住所が異なっていても、もしかしたら旧住所と転居後の住所の違いであって、同一人物であるのかもしれません。

　このような課題を踏まえたうえで、顧客情報を一元管理できる仕組

みをつくる必要があります。マーケティング組織を機能させるために
は、このデータ整備・管理を実現することが欠かせません。

(2) 顧客データ整備の目指す姿

これらの顧客情報をしっかりと整備できないと、重点的に施策を打
つべき顧客ターゲットや、本来コストをかけずにつなぎ止められるは
ずの顧客ターゲットなどを特定することができません。また、それら
のターゲットに対して有望な販売チャネルなどを開拓することも十分
にはできなくなってしまいます。これではせっかく組織体制を整えた
としても、十分に効果的なマーケティング活動へとつなげていくこと
ができなくなってしまうでしょう。

マーケティング活動を組織として効果的に行えるようにするために
は、顧客データがきちんと整備されていることが必須条件といえま
す。もし、システム間でデータが分断されていたり、同一顧客のデー
タであっても商品ごとや契約ごとに別管理となっている場合には、こ
れらのデータを連結させる工夫をしなければなりません。

データが未整備であることによって生じる問題点は、主に以下の2
つです。1つは、顧客の全体価値や生涯価値が把握できないことによ
り、真の有望顧客を割り出すことができない。2つ目は、同一顧客へ
の重複アプローチが生じたり、問い合わせ内容の共有ができていない
ことで顧客の満足度が低下してしまう。

これらを解決するためには、顧客に対する分析・施策をタイムリー
に行うことが必要です。そして、有望な販売チャネルなどを割り出す
ことで、競争力を強化しなければなりません。

第3章　マーケティングの根幹は「組織づくり」

図表3-3　顧客データの管理方法の課題と目指す姿

| 課題 | 適切な顧客分析や生涯価値を把握できないことで、真の有望顧客を見落としている。 |
| | 同一顧客への繰り返し接触や問合せ内容を共有できないことにより、満足度低下を招いている。 |

| 目指す姿 | 顧客に対するタイムリーな分析・施策が行えている。 |
| | ターゲット顧客に対する最適なチャネルが選択できている。 |

4. 組織が自ら施策評価できる仕組みをつくる

　筆者がよく見かけるマーケティング部門の課題には多種多様なものがありますが、その中でも特に目立つものが以下の2つです。1つ目は、マーケティング部門が提示する施策の優先順位が不明なため、営業現場において混乱を招いているケース、2つ目は、顧客の反応を素早く把握して施策修正をする必要性は訴えられているものの、一向に顧客の反応を素早く収集するための仕組みができないケースです。

　ここでの課題は大きく2つです。1つは、古い方法に基づく分析しかできないために、市場の変化に即座に対応することができないこと、もう1つは、過去の施策や他の部門の施策が把握できていないために、顧客に対するアプローチが非効率・不適切となり、顧客の満足

071

度を低下させてしまうことです。

　これらの課題を解決するためには、分析に使用するデータを新たに定義して、鮮度の高いデータを取得する仕組みをつくること。そして、他のデータとの結合や他部門との共有がスムーズに行えるようにすること。可能な限り、全体の施策を体系化して管理し、タイムリーに社内で共有できるようにすることです。

5.　マーケティングウーダを実現する仕組みをつくる

　それゆえに、柔軟で低コストな施策管理・評価の仕組みを整備し、素早くOODAを回していけるようにする必要があります。

　よく見かける課題としては、以下のようなものがあげられます。
・分析に使用するデータが限られていて、鮮度も古い
・データ管理と連携が手動のため、手間と時間がかかる
・全社の施策が体系的に管理されていない
・施策に対する反応を素早く収集できない
・PDCAの取組みをしても、行動修正までつながらない

　皆さんの職場ではいかがでしょうか。1つでも当てはまるものがあるならば、本書の取組みをするだけで大幅な改善がみられるはずです。マーケティングウーダを回すための組織としては、次のことを実現する必要があります。
・データ管理や連携の方法を工夫することで、コストと負担を軽減させる
・データの取得方法を工夫することで、データの鮮度を向上させる

第3章　マーケティングの根幹は「組織づくり」

・顧客との接点を工夫することで、取得できるデータ種を増やす

・顧客管理、施策管理、施策評価が全社レベルで行えるように部門
　を横断する役割をマーケティング組織に持たせる

6. 業務を設計する3つのポイント

　マーケティングウーダを成功させるためには、大きく以下の3つが
必要です。①業務・組織の整備、②顧客の見極め、③効果検証による
改善です。

　マーケティングが目指す姿は、顧客の嗜好や状況に応じて適切な施
策をタイムリーに打てるようにすることです。実施した施策の結果を
見極めながら、短いサイクルで軌道修正を繰り返すことで、マーケテ
ィングの成功確率を高めていくのです。

(1) 業務・組織の整備

　繰り返しますが、マーケティングウーダを実現するためには、何よ
りもまず最初に業務の設計と組織・体制を整えなければなりません。
具体的には、顧客のデータを適宜取得できる仕組みを整え、取得した
データを一元管理できるようにします。そのうえで、それらのデータ
を活かした分析をできるようにします。(ここで大切なことは分析あ
りきではないということです。高度な分析をすることに価値があるの
ではなく、真に効果のある施策を打つことに価値があります。)

　そして、これらの分析結果に基づいた施策をとりまとめ、迅速な実
行に移します。OODAループのとても大切なポイントですが、実行

073

して終わりではありません。実行したらすぐに、細切れであっても構わないので、迅速に効果の検証を行うことです。この検証結果はすぐに施策へと反映させ、施策の軌道修正を繰り返していきます。

　施策の軌道修正を行うということは、併せて仮説にも修正が加わります。このサイクルを短期間で回せば回すほど、最初の段階では気づくことのできなかった施策の欠点や問題点などをどんどんなくしていくことができます。

　さらに、実施した施策も一元管理していくことで、マーケティング活動全体の効率化と最適化を実現できるようになります。ある施策が1つだけ単独で存在するのではなく、他の施策とも有機的に連動してとらえることができるようになるからです。加えて、施策を一元管理しておくことで、過去に実施した施策との関係や過去の施策の知見を適宜活用することもできるようになります。

　これも繰り返しになりますが、マーケティング活動を最適化するためには、従来の業務のやり方や使うツールを変える必要もあります。その場合には、説明会や研修もしっかりと準備しておくことが必要です。特に、新たなツールを導入する際には、ユーザートレーニングをしっかりと計画の中に組み込んでおかなければなりません。もし、これがなかったとしたならば、新たなツールを使いこなすまでに無駄な時間を費やすことになってしまいます。この無駄に比べれば、最初に研修等を準備しておくことの手間や負担などはたいしたことではないということを知っておきましょう。

　OODAループを効果的に回していくためには、商材やチャネルによって別々に管理されているデータを統合して、一元的に管理できる

第3章　マーケティングの根幹は「組織づくり」

ようにすることが大切です。これらのデータが分断されていると、データを結合するだけでも大変な労力を要するようになってしまいます。また、もし仮にデータを結合せずに手元にあるデータだけで分析をするようなことになれば、正しい分析ができないばかりか非効率な施策を導き出してしまう危険もあります。

それゆえに、取得しているあらゆるデータを活用できるようにすることが何よりも大切になります。これができれば、マーケティング全体を統制できるようにもなるからです。

(2) 顧客の見極め

マーケティング活動は、部門ごとや商材ごとに最適化されている会社も少なくありません。それぞれが独立してマーケティング活動を行っているためです。しかし、現実には、A商材とBサービスでは、顧客が重複していたり、場合によっては互いに相乗効果があったりします。明確な相乗効果がみられる場合には、互いに協力して施策を打ちましょうという動きにもつながりやすいですが、これを各部門の善意に任せていたのでは全体として最適なマーケティング活動につなげていくことはできません。

いつ、どの部門が、どのような目的に、どのような施策を打つのか、またその進捗や結果はどうなのかをいつでも誰でも閲覧できるようにしておくことが望ましいといえます。もちろん、これらすべての活動を全社員が把握しておくということは現実的には不可能ですが、知ろうと思ったときには誰であっても知ることができる状態になっていることが全社最適なマーケティング活動への第一歩となります。

一元管理してある顧客データをもとに、顧客をセグメント分けします。どのような分け方をしても構わないのですが、筆者がすすめるのは本書で紹介したように「利益」と「コスト」で分類する方法です。このようにすれば、高い利益を得られる顧客で、かつ営業にかかるコストの低い顧客をすぐに見つけ出すことができるからです。

　このように分類しただけでも効果はありますが、これらの顧客がどのような特徴をもった顧客なのかの意味づけができると、さらに営業をかけやすくなります。特に、この部分をペルソナにまで詳述できるようになることがここでのゴールとなります。また、そのようにすることがマーケティング部門としての役割でもあり、その結果を受けて、その特性に応じた営業を推進していくことが営業部門の役割でもあります。

　またさらに、可能であれば個人単位での情報管理だけではなく、家族等に関する付加的な情報も一元管理できたほうが望ましいといえます。具体的には、それぞれの部門で別々に管理されている顧客情報を段階的に集約して一元化を実現していきます。このプロセスの中で、顧客情報をどこでどのように保有するのがいいのかを決めていきます。保存するデータ形式やデータ項目なども決めていかなければなりません。できることならば、取得するデータ項目を後からでも追加ができるように、データ項目の拡張性を持たせておくといいでしょう。

　これ以上に高い拡張性を担保しようとすれば、データモデルにまで踏み込んだ対応が必要な場合もあります。ここから先は、本書の範囲を超えてしまいますので、専門書にゆだねたいと思います。

　いずれにしても、これらのデータを有効に活用することで、効果的な有望顧客を抽出していきます。

第3章　マーケティングの根幹は「組織づくり」

図表3-4　業務分掌によるマーケティング活動のルール例

サイクル	業務内容	概要	フロント	ミドル	バック
Plan	全体計画	●マーケティングにおける予算・目標・スケジュールを管理する		○	
Plan	ターゲティング	●顧客情報を統合・名寄せし、顧客の状態把握（購買頻度、購入金額など）し、施策効果（メルマガ反応、ポイント履歴）などの情報も加味する		○	
Plan	ターゲティング	●施策のターゲットを選定するため、特定の条件での顧客リストを作成する		○	
Plan	施策の設計	●複数のチャネルで実施される施策を作成し、一元管理と、施策間の階層関係を定義する		○	
Plan	施策の設計	●作成した施策のライフサイクル（開始、中断、再開、変更、中止）を管理する		○	
Do	対象顧客の抽出・施策紐づけ	●設計した施策と、施策を打つ対象顧客とを紐づけて管理する		○	
Do	施策実施	●施策を実施し、その結果を記録する	○		
Check	施策の評価	●施策結果の情報を取集し、施策ごとの実績を集計する		○	
Check	施策の評価	●集計した実績をレポートとして「見える化」し、進捗の推移や他施策との関係をハックし過去の施策とも比較する		○	
Check	施策の評価	●実績の集計により、施策の投資対効果を明らかにする		○	
Check	定型分析	●レポートやダッシュボードを用いて対象顧客の動き、対象顧客の興味対象などに関するさまざまな簡易分析を行う		○	
Action	セグメント見直し・非定型分析	●施策の実施、効果検証の結果を踏まえて、顧客のセグメントの見直し・追加を行う			○
Action	ターゲット・施策の見直し	●施策結果をもとに、ターゲット顧客の見直しや施策内容の改善を行う		○	

（3）効果検証による改善

　次は、効果を見極めながらの軌道修正です。とにかく細切れに少し
ずつでも改善を積み上げていきます。このサイクルを短く回せれば回
せるほど、機動的に施策改善を行うことができ、マーケティングの成
功確率を上げていくことができるようになります。このことを本書で
はOODAループの高速化と呼んでいます。

　一元的な顧客管理と施策管理を整えることによって、これらの短い
サイクルでのOODAループを実現することができるようになります。
具体的には、何らかの施策を実施したならば、迅速にその結果データ
を収集し、分析と改善を繰り返すことでOODAを回していきます。
これによって、効果のある施策と効果のない施策をタイムリーに見極
めることもできますし、効果のある施策の中でも、特にどの要素に効
果があるのかなども明らかにすることができます。

　一方、これらの施策による効果は、関係者全員が参照できるように
しておきます。たとえ別々の部門であっても、等しく参照できるよう
にしておくことが肝要です。施策の効果が誰の目から見てもわかるよ
うになっていることで、関係者同士での協力関係を築きやすくなるか
らです。ここをベースとして相互の有機的な連携をつくっていくこと
になります。

　ここまでは短期的な施策について説明をしてきましたが、中長期的
な施策についても同じです。中長期的な施策も短期的な施策と同じよ
うにOODAループを回していきます。ただ、回すサイクルは短期の
ものと比べて中長期的な施策のほうが長くなります。その中で、同じ
ように施策の改善を繰り返していきます。そして、短期施策と中長期

第3章　マーケティングの根幹は「組織づくり」

施策も一元管理します。

　こうすることで、中長期的な施策の中での短期的な施策効果も明らかにできます。ある短期的な施策が一見効果的に見えたとしても、中長期的な施策と照らした場合には、目指すべき姿からは乖離していたという事態もあり得るからです。

　OODAには、各施策の効果検証など短期のサイクルで回していくものと、経営ビジョンの実現のように長期のサイクルで回していくものとがあります。経営ビジョンの実現に向けた変化が明日どうなっているかというようなことを見てもあまり意味をなさないためです。しかし、一方で日ごろ打つ施策の効果が長期的なサイクルと無縁であっては困ります。短期のサイクルと長期のサイクルは別々に存在しているのではなく、長期サイクルの中のパーツとして短期サイクルが回り、互いに連動していることが必要です。

　そのためにも、サイクルの長短の異なる施策であっても、一元的に管理するようにしなければなりません。そして、短期のOODAの結果が、長期のOODAにどのような効果をもたらしているのかを明らかにしていかなければならないのです。

　これらの仕組みを整備することによって、以下のような効果が期待できます。

　① あらゆる顧客に対して、属性情報や応対情報などを詳細化できるようになる。

　② 顧客をセグメンテーションできることで、差別化した対応ができるようになる。

③ さまざまなデータを一元管理して分析できるようにすることで、これまでよりも多彩なアプローチができるようになる。
④ 短いスパンの中で、機動的に施策の変更ができるようになる。
⑤ オンラインとオフラインも、分断されずに統合したサービスとして展開できるようになる。

　これらのことができるようになれば、マーケティングの視点から自社内の資源と施策を最適配分することで、まさに企業変革につなげていくことができるようになります。

図表3-5　将来像を実現するために必要な取組み

目指す姿

- あらゆる顧客に対して、属性情報や応対情報などを詳細化
- 顧客利益率やロイヤルティによって濃淡を付けた対応
- 多彩なアプローチなど幅広い展開・差別化
- 競争市場において短サイクルで柔軟に戦術を変更
- リアルとWebで統合されたワンストップのサービス

マーケティングの仕組みの整備

業務・組織の整備
- マーケティングの計画から実行、KGI・KPI評価までの業務設計とそれを支える組織・体制を設計し整備する

体系化されたマーケティングのルール整備
- 部門やチャネルごとにバラバラで管理される顧客情報を一元化して利用できるようにする
- 統合されたデータをもとにさまざまな視点から分析を行い、セグメンテーションができるようにする

効果検証による改善
- マーケティング基盤の整備により、KPIを収集、評価・分析を実施
- 市場環境に合わせ短サイクルでのOODAループを実現

第3章　マーケティングの根幹は「組織づくり」

7. 業務を確実に定着させる方法

（1）業務定着をサポートする

　これまで述べてきたとおり、現代のマーケティングにおいてはある程度のデータを取り扱うことは避けて通ることができません。データを分析するというとそれだけで拒否反応を示す企業などもあります。しかし、それほど難しく、重たく考える必要はありません。

　確かに個々の分析については、それなりに複雑で重たいものもたくさんあります。しかし、それらの分析は読者が世界で初めて行うようなものではないからです。マーケティングにおいて日常的に使う分析は、ある程度定型化することができます。その気になれば、ボタンひとつで分析が行えるようにすることもできます。そういう意味では、その分析に使用する貴重なデータを1つ1つ丁寧に取得する仕組みをつくることと、それらのデータを分析できる形でしっかりと蓄積・管理していくほうがはるかに大切なことです。

　ここでは、このことを前提として、OODA業務を職場に根づかせるためのサポートの仕方について説明をします。もっとも効果の高いのは、「データ分析」に高度なスキルや手間がかからないようにしてあげることです。本来はそれほど高度なスキルの必要ない分析であったとしても、現場での拒否反応は相当なものであることが多いからです。読者の皆さんの職場を想像してみてください。

(2) データ分析を中心としたサポートをする

　前述のとおり、データ分析に対するアレルギーを持っている人は少なからずいます。このことは望むと望まざるとにかかわらず、そういうものだと思って業務に臨んだほうがいいと思います。筆者はこのことを何度も経験しました。

　最初は、初歩的ないくつかの分析パターンを誰でもできる形にするのがいいでしょう。最初から高度なパッケージソフトウェアなどを導入する必要はありません。Excelの関数で分析できるものを、マクロの自動記録などでボタンひとつで分析ができるようにするだけでも十分です。こういったことの積み重ねから徐々に高度なものに変えていくと、自然とデータ分析をする土壌をつくっていくことができます。

　ここでは「小さく始めて大きく育てる」ということを念頭に、少数のデータ分析を少数で行い、少数の施策をつくりあげることから始めてみましょう。

　成功したら、扱うデータの数を増やしていきます。分析の種類も増やしてみます。分析によって効果があると見込まれる施策を実行して効果が見られれば、このサイクルは黙っていても少しずつ速く回り始めます。

　最初は少数の施策に絞り込み、少数の担当者が注力しやすいようにし、早期に成功体験をつくることが効果的です。

第3章　マーケティングの根幹は「組織づくり」

(3) 営業部門などが自らでも分析できるようにする

　データ分析を誰でもできるようにしておくことは、マーケティング部門の中だけで分析をできるようにするだけには留まりません。できることならば、顧客に近い営業部門でも自ら分析をできるようにしておくことが望ましいといえます。

　先のように、小さく始めて大きく育てたデータ分析をツール化して営業部門に受け渡していくことも大変重要な業務になります。

　定型的な分析などは、マーケティング部門での分析結果を待っていたのでは遅い場合もあるからです。このことは筆者自身も数多く経験しています。営業現場で分析ができてさえいれば迅速に動けたものが、分析結果を待っている間に施策を打つタイミングを逸してしまうということもよくあることなのです。このことからも、営業部門で自ら迅速にデータ分析をして施策修正をできるようにしておくことが望ましいといえます。

　忙しい営業部門が分析などしている暇はないという場合も多いですので、必要な分析ツールは一式取りそろえ、可能であればボタンひとつで目的の分析が行えるようにしておくことが望ましいでしょう。もちろん、営業部門に対するツールの使い方の研修や問い合わせサポートなども準備しておくことが必要です。

　これらのことができれば、フロントである営業部門におけるOODAが高速化されるため、ターゲットとする顧客へのアプローチ方法や販売方法（販売トークなども含む）の検証も迅速に行うことができるようになります。効果のあった施策と効果のなかった施策もすぐに見極められるようになりますし、実施中の施策であっても途中か

らでもすぐに軌道修正ができるようになります。

（4）とにかく負担を減らし続けるように働きかける

　とにかくデータ分析にかかる負担は減らし続けることが大切です。データ分析が複雑化してくると、データを分析するための専門部隊を配置しなければならなくなることもありますが、今の時点では、やや複雑な分析はマーケティング部門が請け負い、そうでない簡単な分析は営業部門ができるようにしていくことが肝要です。

　この際に、営業部門による分析はボタン操作ひとつでできるようにすることも大切ですが、マーケティング部門が行う分析も負担なくできるようにしておくことが大切です。特に初期のうちは、このようにしておかないとこの取組み自体が長続きしません。

　また、営業部門もやや複雑な分析はマーケティング部門に頼まざるを得ないのですが、このように部門をまたがって何らかの仕事を依頼する場合には、そこで非効率が発生しやすいものです。そのため、分析依頼をしやすい仕組みや環境を整えておくことも大切です。

　筆者の知る職場では、イントラネット上に分析依頼フォームを用意していました。結果的には担当者同士で電話で話したり、直接会って打ち合わせをしたりすることになるものも多いのですが、最初の入口がフォームの必要事項を記載するだけなので依頼しやすくなっています。最初から分析担当者に電話するのに抵抗がある人や、会って打ち合わせをすることをおっくうに思っている人などには特に効果があります。

　このような分析依頼などは、営業現場では後回しにされやすい風潮

第3章　マーケティングの根幹は「組織づくり」

もあります。とにかくここにかかる負担を可能な限り小さくすること
に配慮することが必要です。

（5）新たな業務やツールのサポートをする

　マーケティングウーダを実務の中で高速で回していくためには、最
終的には、業務のやり方を今までとは変えなければならないことがほ
とんどです。その過程で、新しいツールを導入することも必要になっ
てきます。（ここでのツールとは、必ずしもお金を出して外から買っ
てくるツールだけではなく、自社内の担当者がつくったものも含みま
す。）

　しかし、普通は、すぐには新たな業務やツールに慣れることができ
ません。新しい業務のやり方に馴染めない人や新しいツールが使いこ
なせない人が少なからず出てきます。これらの人を放っておくような
ことをしたら、せっかくの効率化の取組みがもっと非効率な結果へと
つながってしまいます。そのため、新たな業務とツールを浸透させる
サポートが必要になります。

　業務のやり方やツールが変わる場合には、あらかじめその目的と変
わる内容を明らかにし、そのための説明会や研修なども準備しておく
ことが望ましいといえます。できれば、早期に定着させられるよう
に、新しいやり方の使用回数やツールの使用回数などを指標として定
めて、関係者全員でウォッチしていくことも効果的です。

8. 確実な営業活動につなげる方法

（1）営業トークもOODAループでつくりあげる

　突然ですが、こんな指示を出したこと（出されたこと）はないでしょうか？

「顧客のニーズを発掘してこい！」

「訪問して、何でもいいから提案してこい！」

「とにかく売ってこい！」

　これでは営業として失格なのはすぐにわかりますね。それではどのように営業をすればいいのでしょうか？　本書で説明してきたとおり、顧客分類に従って勝率の高い顧客から順にアプローチをかけていくのが正しい手順です。

　それではその顧客にアプローチできたらどうしますか？　当然、営業トークが必要になります。そこで何を話せばいいでしょうか。そして、顧客からどのような反応を引き出せばいいでしょうか。

　それを考えるうえでとても便利な方法があるので、ここで紹介しておきます。

　それは、「売れる」ということから逆算して、顧客から引き出したい反応を決めていくことです。たとえば、「売れる」目前の顧客からは、「今だけ××円で買えるのね」という反応だとしましょう。だとしたら、この反応を引き出すために、あなたなら顧客に何を言うでしょうか。

　その1つ手前の段階でも同様です。たとえば、「効果がなかったら、

第3章　マーケティングの根幹は「組織づくり」

086

figure 3-6 「売れる」を目指した営業トークづくり

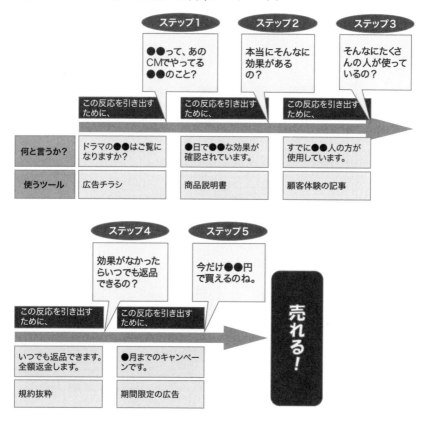

いつでも返品できるの?」という反応だったとしたら、そのために何を言いますか? このように考えていくと、システマチックに上手な営業トークが出来上がっていきます。

「売れる」というゴールに向かって、そのためのプロセスをつくっていくことが大切です。一度できてしまえば、大変に使い勝手のよいものです。こちらもOODAループに則って、適宜、必要な修正を加

えていくようにしましょう。

(2) 勝ちパターンを確実につくりあげる

マーケティング活動において、自社の「勝ちパターン」をつくりあげていくことはとても重要です。勝ちパターンをつくりあげるということは、誰がやっても勝てる型をつくりあげるということです。そのため、仮に何も知らないメンバーが突然参画することになったとしても、即戦力として活動できるようになります。

また、これらのパターンは一度つくっておしまいというものではなく、常に研鑽していくべきものです。

そこで、ここに勝ちパターンをつくりあげていくための簡単なフォーマットを掲載しておきます。（図表3-7）まず、会社全体としての目的があり、その中で自分の果たすべき役割を明らかにします。その役割を完遂するためには、いくつかの小さなゴールにブレークダウンし、それぞれの小さなゴールに向かって起こすべきキーアクションを設定します。あとは、これらのキーアクションが本当にできたのかどうか、本当に効果があったのかどうかの検証を繰り返していきます。検証の結果から、また次のアクションにつなげるべき具体的な修正点をあげるようにしましょう。

なお、フォーマット記載については、以下の注意点を参考にしてください。

1）事実に基づく記載とすること

推測や一部の現象だけから判断をせずに、具体的な事実を記載する

第3章　マーケティングの根幹は「組織づくり」

ようにしてください。

2)「できています」「がんばります」などの抽象的な記載はしないこと

　抽象的な文言の使用は避け、「何ができているのか」「何をどうがんばるのか」をしっかりと深掘りし、具体的に記載してください。

3)　メンバー間での差異も明らかにすること

　部門やチーム全体として見るだけではなく、その中のメンバー個々の動きにも注目して、均一に動けているのか、それとも個人差が大きいのかなども明らかにしてください。

4)　明らかに実現困難なキーアクションや小さなゴールをつくらないこと

　メンバー間で明らかな格差が生じるキーアクションがある場合などは、内容を再検討してください。結果のフィードバックを見ながら、必要に応じてキーアクションと小さなゴールの修正を繰り返してください。

5)　顧客の反応を必ず確認すること

　全体的な動きが顧客ニーズに合っているのかを、都度必ず確認してください。

図表3-7 勝ちパターンを定着化させるためのフォーマット（例）

○回 ●●部門	会社全体の目標	
	部門としての役割	

	勝ちパターン		数値目標の進捗	前回決めた アクションの結果
	キーアクション	小さなゴール		
ステップ①				
ステップ②				
ステップ③				
ステップ④				
ステップ⑤				
ステップ⑥				
ステップ⑦				
ステップ⑧				

第3章 マーケティングの根幹は「組織づくり」

➥

うまくいったこと	うまくいかなかったこと	次回への アクション
●何がうまくいったか?	●何がうまくいかなかったか?	
●どのようにした結果うまくいったのか?その要因は何か?	●何をしたけどうまくいかなかったのか?その原因は何か?	
●何がうまくいったか?	●何がうまくいかなかったか?	
●どのようにした結果うまくいったのか?その要因は何か?	●何をしたけどうまくいかなかったのか?その原因は何か?	
●何がうまくいったか?	●何がうまくいかなかったか?	
●どのようにした結果うまくいったのか?その要因は何か?	●何をしたけどうまくいかなかったのか?その原因は何か?	
●何がうまくいったか?	●何がうまくいかなかったか?	
●どのようにした結果うまくいったのか?その要因は何か?	●何をしたけどうまくいかなかったのか?その原因は何か?	
●何がうまくいったか?	●何がうまくいかなかったか?	
●どのようにした結果うまくいったのか?その要因は何か?	●何をしたけどうまくいかなかったのか?その原因は何か?	
●何がうまくいったか?	●何がうまくいかなかったか?	
●どのようにした結果うまくいったのか?その要因は何か?	●何をしたけどうまくいかなかったのか?その原因は何か?	
●何がうまくいったか?	●何がうまくいかなかったか?	
●どのようにした結果うまくいったのか?その要因は何か?	●何をしたけどうまくいかなかったのか?その原因は何か?	
●何がうまくいったか?	●何がうまくいかなかったか?	
●どのようにした結果うまくいったのか?その要因は何か?	●何をしたけどうまくいかなかったのか?その原因は何か?	

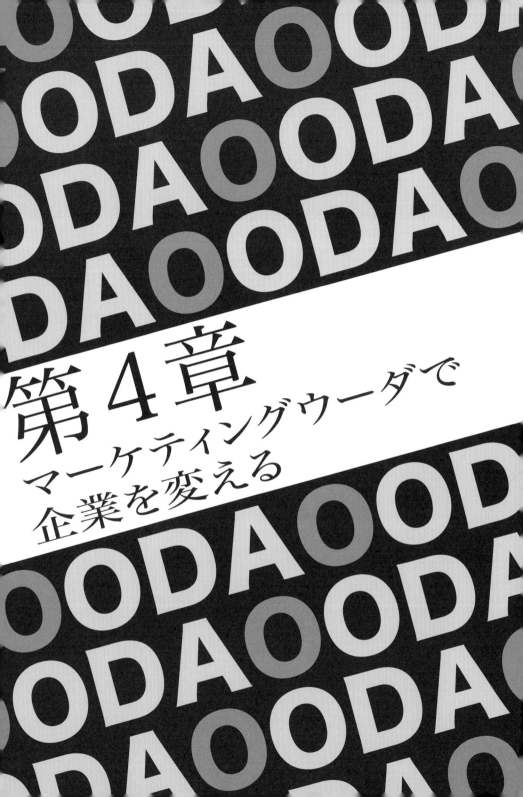

第4章
マーケティングウーダで企業を変える

1. とにかくデータ基盤をつくること

（1）ステップ1：データの整備と蓄積

　マーケティングウーダを実現するためには、組織づくりと合わせて、データ基盤をつくることが大切です。しかし、データ基盤をつくるといっても、当然、一朝一夕でできるものではありません。そのため、明確なゴールを見据えながらも、段階的につくっていくのがいいでしょう。

　まず、最初のステップでは、データを収集・整理します。具体的には、「何のデータを」「どれくらい」「どのように」集めるのかを決めます。現時点で何も顧客データが存在しないならば、顧客の属性（性別、年代、興味のある商品、‥‥）などのデータをこれからとっていくようにすべきでしょう。もしある程度の顧客データをすでに保有しているならば、それらのデータを眺めてみて、データ量は足りているのか、データの精度は十分なのか、取得する頻度は十分なのかなどを見ていきます。もし不十分であれば、データ取得のサイクルを速めてみたり、追加のデータ項目を決めるなどして、顧客データを集めていくようにします。

　なお、このフェーズでの課題は、ツールやシステムなどの技術的な制約です。もしツールがExcelしかない場合には、データベースとしての機能に制約を感じるかもしれません。しかし、それはそのときになっての課題であって、もし今何も不都合を感じていないのであれば、最初からツールを意識したり、ツールありきで考えるのでなく、真に大切な顧客データとは何なのかを突き詰めて考えていくようにし

たほうがいいでしょう。

　すでにこの段階から、顧客のセグメンテーションは始められます。単に、「有望そうな」顧客と「そうでない」顧客を分けるだけでもセグメンテーションになるからです。このときの判断軸は、「利益」と「コスト」であることは念頭に置いておきましょう。

(2) ステップ２：データの加工と分析

　次のステップでは、集めたデータから顧客の特性やニーズを把握できるようにします。具体的には、データをどのように活用（加工・分析）するのかを決めます。

　一口に加工・分析といってもさまざまあるからです。データの項目によっては、単純に集計するだけで済むものもあるかもしれません。分析もシンプルなものから手の込んだものまで多種多様です。顧客の特性やニーズを把握するために、最適な分析手法を選択します。

　この段階では、「利益」と「コスト」でセグメント化した各セグメントに、独自の意味づけを行えるようになっていきます。顧客データを加工・分析した結果をもとに、それぞれのセグメントが、どのようなセグメントであるのかを明らかにしていくようにしましょう。

　なお、ここでの課題は、先の技術的制約に加えて、人的な制約です。そもそも数字アレルギーの人しかいない場合なども考えられます。データは何とか集めたけれど、誰も集計も分析も行えないということも考えられます。この段階を乗り越えても、データの加工・分析にはある程度の経験値を積む必要はあるでしょう。

　この労力を省力化してくれるものがツールやシステムです。もし安

095

図表4-1 段階的なデータ基盤づくり

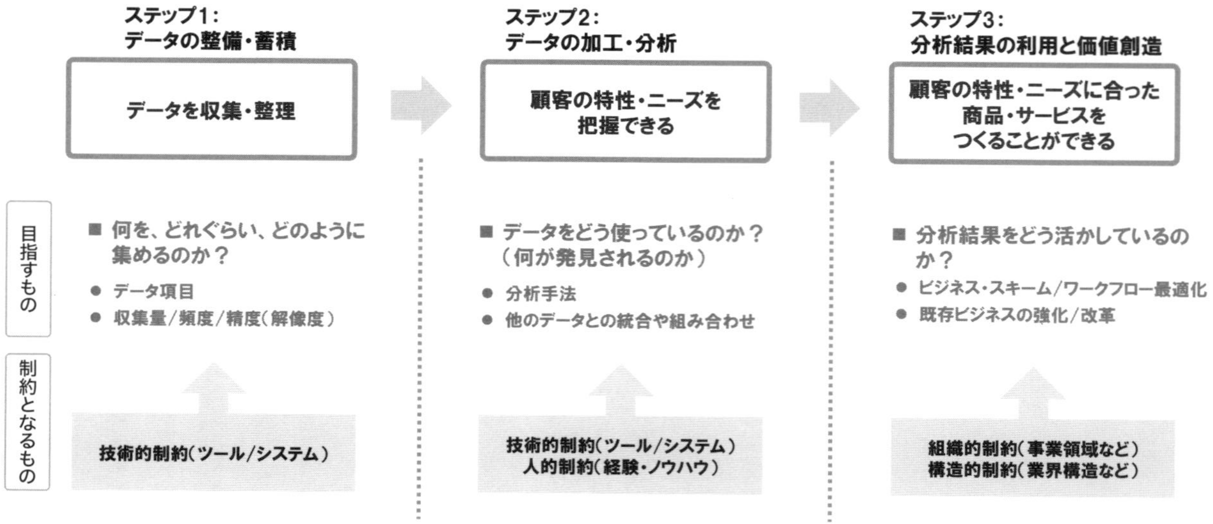

ステップ1:
データの整備・蓄積

データを収集・整理

■ 何を、どれぐらい、どのように集めるのか？
・データ項目
・収集量/頻度/精度（解像度）

技術的制約（ツール/システム）

ステップ2:
データの加工・分析

顧客の特性・ニーズを把握できる

■ データをどう使っているのか？（何が発見されるのか）
・分析手法
・他のデータとの統合や組み合わせ

技術的制約（ツール/システム）
人的制約（経験/ノウハウ）

ステップ3:
分析結果の利用と価値創造

顧客の特性・ニーズに合った商品・サービスをつくることができる

■ 分析結果をどう活かしていているのか？
・ビジネス・スキーム/ワークフロー最適化
・既存ビジネスの強化/改革

組織的制約（事業領域など）
構造的制約（業界構造など）

目指すもの

制約となるもの

価で自社に合うものがあれば、適時導入するのも1つの方法です。

(3) 分析結果の利用と価値創造

　次のステップでは、単に、顧客の特性・ニーズを把握するだけに留まらず、分析結果から新たな価値を創造していきます。具体的には、顧客の特性やニーズに合った新たな商品やサービスをつくりあげていくことです。ここでは、併せて業務のワークフローなども最適化していきます。

　ここでの課題は、組織的な制約と構造的な制約です。新たな商品やサービスを考案したものの自社の事業領域には当てはまらないとか、そもそも業界構造に当てはまらないなどの制約も発生するかもしれません。

　ここから先の、自社の事業範囲を拡大するのか否か、業界構造を変革しにいくのか否かについては、本書の範囲を超えますので、他の専門書を参考にしてください。

2. 「観察」のための仕組みをつくる

(1) 顧客と自社活動を知るためのデータ

　マーケティング活動から得られるデータを社内で蓄積するようにします。当面は広告やプロモーション活動によって得られるデータを取得して、整理して保管することを目指すといいと思います。同時に、自社で扱う商品や価格などに変化があれば当然、それらも併せてデー

図表4-2　データが一元管理されていない弊害

タとして蓄積していきます。

　このとき重要になるのがデータの粒度です。どんな単位で、どの細かさで必要かを決めていくようにしましょう。もちろん、これらも最初にすべて決めて固定してしまうというのではなく、経験を積みながら修正していくようにするといいでしょう。

　たとえば、CMのデータを取得するといったときにも、いろいろなデータが考えられます。視聴率、放送時間、放送時間帯、放送回数、放送後のネットアクセス数、放送後の資料請求数‥‥などです。

　これらのデータは容易に取得が可能であるばかりでなく、短期間にデータの変化も確認することができます。スピード感をもって施策実施とその効果検証を行うには、使い勝手のいい題材ということができます。もし、インターネット上に広告を出している場合には、この広告の種類（デザインや文言など）を変えて実験をしてみるとおもしろいです。すぐに顧客の反応の変化を確認することができます。

（2）競合他社の動きを知るためのデータ

　競合他社の動きに関するデータは、なかなか直接的には入手しにくいものです。そのため、現場の社員のみならず全社員が一丸となって、折に触れて得た競合他社の動きを漏らさずにデータ蓄積し、それを誰もが閲覧できるようにできたならば、大変強力な武器になります。

　すべて自前で取りそろえることもできますが、足りない部分は外部の調査機関などを使って調査してもらったり、データを購入するなどの方法もあります。

　最初のうちは、顧客データを集めることで手の回らないことも想定されますが、データを活用したマーケティング活動を推進していくためには、これらも必要不可欠なデータとなっていきます。

　これまで、顧客セグメントを中心にマーケティング施策を決める手順を説明してきましたが、マーケティング活動をする際には、競合の想定をすることも非常に大切になります。しかしながら、競合の正確な情報を入手することはおそらくできないでしょう。競合がどのような戦略をもっているのか、自社の施策に対してどのような対抗策を打ってくるのかなどは、事前に知ることはできません。その中で、自社のマーケティング施策を決めていかなければなりません。

　それゆえに、限界があることは知りつつも、競合の動きに注視する仕組みも必要です。たとえば、SimilarWeb[7]などを使って、競合のWebサイトのおおよそのトラフィックをつかむなどの方法も簡便に

7　URL：https://www.similarweb.com

図表4-3 データ整備の一例

KPI	構成要素				データ項目名	取得可否 難易度	取得元/取得方針
	Lv1	Lv2	Lv3	Lv4			
想定利益	想定売上	ターゲット顧客基本属性	属性	年齢	年代	低	アンケート調査
						中	Webサイト
				性別	性別	低	アンケート調査
						中	Webサイト
				職業	職業	低	アンケート調査
						中	Webサイト
				家族構成	家族構成	低	アンケート調査
						中	Webサイト
			不動産情報	住所	住所コード	—	社内システム
				持ち家か否か	住居の所有有無	—	社内システム
				築年数	新設年月	—	社内システム
				住居タイプ（戸建/マンション）	用途コード	—	社内システム
	想定コスト	原価	調達コスト	調達単価	調達単価	低	社内関連部署
			その他コスト	委託費用	委託費用	低	社内関連部署
		販管費		販売業務に関する費用	販売業務に関する費用	中	社内関連部署
				広告宣伝費	広告宣伝費	中	社内関連部署
				一般管理業務の人件費	一般管理業務の人件費	中	社内関連部署
				交際費、旅費、光熱費等	交際費、旅費、光熱費等	中	社内関連部署
				販売手数料	販売手数料	中	社内関連部署
		顧客対応コスト	営業コスト	スタッフのコスト	スタッフのコスト	高	社内関連部署
				顧客あたり回数/年	訪問履歴	低	社内関連部署
			DM・メールコスト	DM製作・送付コスト	DM製作・送付コスト	中〜高	社内関連部署
				顧客あたり送付回数/年	顧客あたり送付回数/年	中〜高	社内関連部署
				メール製作・送付コスト	メール製作・送付コスト	中〜高	社内関連部署
				顧客あたり送付回数/年	顧客あたり送付回数/年	中〜高	社内関連部署
			督促コスト	不払いの確認費用	不払いの確認費用	中	社内関連部署
				督促書類送付費用	督促書類送付費用	中	社内関連部署

大分類	中分類	小分類	項目	項目（変数）	難易度	データソース
獲得コスト		問い合わせ・クレーム対応コスト	督促電話費用	督促電話費用	中	社内関連部署
			督促回数	督促回数	中	社内関連部署
			入金確認費用	入金確認費用	中	社内関連部署
			電話問合せ回数	電話問合せ回数	中	コールセンター
			コールセンター人件費	コールセンター人件費	中	コールセンター
			担当者の人件費	担当者の人件費	中	社内関連部署
			クレーム対応参画割合	クレーム対応参画割合	中	コールセンター
			担当者訪問回数	担当者訪問回数	中	社内関連部署
	獲得難易度	属性	年齢	年齢	低	アンケート調査
			職業	職業	中	Webサイト
			出身地	出身地	低	アンケート調査
		不動産情報	持ち家か否か	住居の所有有無	中	Webサイト
			築年数	開栓年月日	低	アンケート調査
			住居タイプ（戸建/マンション）	用途コード	中	Webサイト
	乗換トリガー有無	契約		契約情報	—	社内システム
					—	社内システム
					—	社内システム
					—	社内システム
獲得施策費用			マス広告費用	マス広告費用（過去実績）	中〜高	社内関連部署
			DM/メール費用	DM/メール費用（過去実績）	中〜高	社内関連部署
			訪問営業費用	訪問営業費用（過去実績）	中〜高	営業店/店舗確認
			店頭での対面営業費用	店頭での対面営業費用（過去実績）	中〜高	営業店/店舗確認
			Webプロモーション費用	Webプロモーション費用（過去実績）	中〜高	社内関連部署
			その他割引キャンペーン費用	その他割引キャンペーン費用（過去実績）	中〜高	社内関連部署

できます。たとえば、競合サイトへのアクセスには、ダイレクト（ブックマークなどからの流入）が多いのか、ソーシャル経由（TwitterやFacebookなどのSNSからの流入）が多いのか、検索（GoogleやYahoo!などでの検索による流入）が多いのかなどを知ることもできます。各社各様な特色がありますが、これらの情報を踏まえたうえで、自社戦略を考えることも大切です。

　また、Googleが提供する「キーワードプランナー[8]」という無料サービスもあります。これを利用すると、ある特定のキーワードがどれくらい検索されているのかを知ることができます。ただし、数千なのか数万なのか数十万なのかといったおおよそのオーダーしかわかりませんので、それを知ったうえで利用しなければなりません。それでも十分な情報を得ることができます。ぜひ一度試してみてください。

（3）社会情勢・外部環境を知るためのデータ

　外部環境を把握するためのデータは無数に存在します。すべてを把握しようとしたらキリがありませんので、社内で必要データをヒアリングするなどして、必要性を確認したうえで取得するようにするといいでしょう。もし自社だけで取得することが困難な場合には、外部機関から購入するという方法もあります。

　なお、データ分析をする際には、こうした社会情勢や外部環境の影響を排除するような分析方法もありますので、必要に応じて他書から学ぶようにしてください。

8　URL：https://adwords.google.co.jp/KeywordPlanner

今後は大きな事業環境の変化が想定される中では、既存の延長線上での改善では歯が立たなくなることでしょう。

　現状のオペレーションの改善を積み上げることも重要ですが、より上位概念から本質的な解決を試みる必要があります。筆者の経験では、部署をまたがる課題解決には、客観的・中立的な立場からの戦略レベルでの改革が必要な場合が多いです。

　一方で、事業環境の変化は、スピードと不確実性がますます増大してきているため、マーケティング部門や営業部門などの個々の部門では、「何をやるべきか」という"WHAT"が見えにくくなっています。大切なことはハウツーとしての小手先のマーケティング技法を身につけることではなく、その根本にある「何をするべきか」を突き詰めていくことが必要です。

　それゆえに、社会情勢と外部環境の変化を適切にとらえながら、それに応じて「何をするべきか」を追求していかなければなりません。

　なお、筆者の提唱するように、データの共有（一元管理）を切り口にして、各部門が横断的に連携できる体制を整えていくと、全社的な視点からの"WHAT"を発掘できるようになっていきます。

3.「売れる」仮説をつくる

（1）顧客反応の中間指標をとらえる

　ひと昔前は、アンケート調査などで「認知度」を測定し、広告・プロモーションの効果を測ることも多くありました。しかし、これでは、知っているのか、知らないのか、好感があるのか、ないのかとい

103

った粗い計測しか行うことができません。さらに、現実の消費者の変化とは大きなタイムラグが生じてしまいます（実際の消費者がそのように感じてから、アンケートによって確認されるまでの時間間隔が長いためです）。

今後は、Webなどを活用して消費者の反応を随時リアルタイムで測定していくことが普通になっていくのではないかと思います。さらに、結果のみではなく、そこに至るまでの効果的な中間指標を定めることによって、よりリアルタイムに、継続的に、詳細に、計測ができるようにしていく必要があります。

(2) さまざまな要因の相互作用を仮定する

従来は、個別のプロモーション効果の測定だけに終わっていたことも多くありましたが、今後は、広告・プロモーションの各マーケティング活動はもちろんのこと、それ以外のさまざまなマーケティング活動や、さらには競合他社や外部環境の状況も含めた影響からの相互作用も含めて計測できるようにする必要があります。

(3) 顧客の変化をリアルタイムに追いかける

従来は、データの取得にも施策への反映にも大きなタイムラグがありました。今後は、データの取得方法、デジタルでの顧客へのアプローチが共にリアルタイムに近づくことで、動的な最適化ができるようになっていきます。

第4章　マーケティングウーダで企業を変える

104

図表4-4　マーケティング活動最適化の概念図

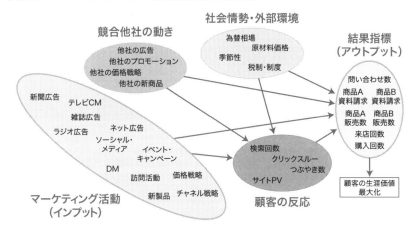

(4) 顧客の動的な遷移を把握する

　仮説を構造化することで、どの顧客がどの段階にいるのかの仮説を立てます。たとえば、**図表4-5**のように階層化したとします。このような仮説に基づいて、自社や自社商品に対するファンをつくり、利益アップにつなげていきます。

　このような構造化をすることによって、顧客の来店前→来店後の感動を最大化していくことができるようになります。

　なお、マーケティングウーダにおいては、メンバーそれぞれが顧客の行動履歴や属性を収集・保存したり、分析をすることが可能なようにします。収集したデータを分析することで、「自分の顧客がどのような人なのか、どのような購入をしてくれているのか」ということを把握し、顧客タイプごとにマッチした販売促進策を進められるように

図表4-5　顧客獲得のためのプロセス階層化の例

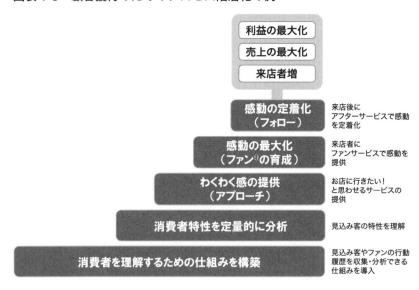

図表4-6　顧客データを用いた顧客把握

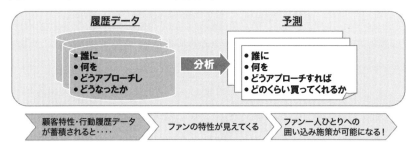

します。

9　ファンと、普通の顧客の違いは何でしょうか。その違いは、「好き」という感情といえます。たとえば、野球やサッカーのファンを想像してみてください。ひとたびファンとなれば、仮にそのチームが負け続けたとしても、やはりファンなのではないでしょうか。この「感情」こそが、経済合理性では説明のできない顧客との絆だといえます。

4. 全体最適なマーケティング活動につなげる

（1）自社の現在位置を知る

　自社のマーケティングがどのような位置にあるのかの現状を把握することが大切です。そのうえで、どの部分を強化していくのかを決めるからです。

　たとえば、「対象とする活動」「対象商品・サービス」「最適化のレベル」「リアルタイム性」「実施手法」などの側面からマーケティング活動を見たときに、目指すべきゴールまでのどのあたりに位置しているのかを把握します（**図表4-7**参照）。

　たとえば、「対象とする活動」も、最初はある特定の活動しか行えていないことでしょう。しかし、目指すべきゴールがあらゆるマーケティング活動であるとするならば、そこまでたどり着くうちのいくつの活動を行えているのかを視覚的にプロットしてみます。

　同様に、「対象商品・サービス」においても、ゴールはすべての商品・サービスであったとしても、現時点ではある特定の商品・サービスにおいてしか最適なマーケティングが行えていないということもあるでしょう。その位置関係も把握しておきます。もしかしたら、すべての商品・サービスというよりは、特定の商品・サービスについてマーケティング活動を行うべきとのアロケーションも最適化されるかもしれません。

　以下同様に、「リアルタイム性」も最初は一度にデータを集めてまとめて分析をしているかもしれません。それをリアルタイムに計測して最適化していくのですが、やはり現在の立ち位置を知っておくこと

図表4-7　自社マーケティング現在位置の把握

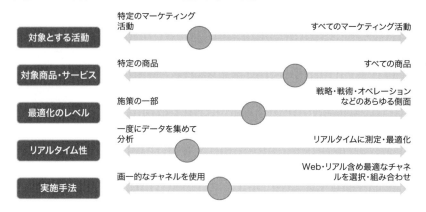

が必要です。「最適化のレベル」についても、戦略・施策・オペレーションのあらゆる側面の最適化を目指しますが、現状は、戦略レベル・施策レベルの一部かもしれません。このようにプロットしていくと、目指すゴールから逆算して、自社の改善するべき課題が明らかになっていきます。

　マーケティング活動を最適化するためには、各種のマーケティング活動（広告・プロモーションのみならず4P[10]全般）の効果を、競合他社の動きや外部環境の影響も加味し、消費者の反応を活用して測定する必要があります。さらに、その測定結果をもとに最終的なゴール

10　4Pとは、製品・商品(Product)、価格(Price)、流通(Place)、プロモーション(Promotion)の4つを指します。この4つのPを組み合わせることで、最適なマーケティング活動を考えます。なお、これは売る側の視点であり、顧客側の視点として4Cがあります。4Cとは、顧客価値(Customer Value)、顧客の費用(Cost)、顧客利便性(Convenience)、顧客とのコミュニケーション(Communication)です。いずれにしても、筆者はすべては4Pに行き着くと考えています。顧客価値は「製品・商品」に行き着きますし、顧客の費用は「価格」に、顧客利便性は「流通」に、顧客とのコミュニケーションは「プロモーション」に行き着きます。

である「収益最大化」につなげるためにも、マーケティング活動のインプットを最適化する必要があるのです。

(2) 課題を明らかにする

　ここで目指すべきゴールを改めてイメージしておきたいと思います。

　これまでは、施策ごと、部門ごとに断片的な効果検証を行い、別々に施策を実施していたとします。このような場合には、後追いで施策を検証することが難しいために、一度始めてしまうと止めにくく、新たな修正を加えることが困難なことが予想されます。

　データや施策が別々に分断されている状態では、効果を測る指標も統一されておらず、さらには、データ取得から実際の活動、効果を確認できるまでには大きなタイムラグが起こります。このように、断片的な施策と効果検証では適切にマネジメントすることは不可能といっていいでしょう。また、ここには競合や外部要因の影響も加わってしまいます。

　これでは、マーケティング活動全体を最適化することなどできません。効果を測る指標が乏しく、タイムラグ、外部要因の影響などもあって、マネジメントしようにも施策の効果を確認することができないからです。断片的な検証や最終目的への効果が不明なままで判断を下さずにすむように、課題を明らかにする必要があります。

(3) 目指すべき姿を明らかにする

上記の課題からも、4P・4Cをはじめ各施策の効果が、定量化・見える化できるようにすることが必要です。

売上などがタイムリーに細かい粒度で把握できていることはもちろんですが、Webのログなどの中間指標を活用できれば、より効果を細かく把握することができます。

上記の効果測定を踏まえて、戦略レベル（たとえば、WebかCMか、料金を下げるかプロモーションを打つかなど）、施策レベル（たとえば、Aの広告とBの広告のどちらが効果的か、どちらの商品・サービスがよいかなど）、オペレーションレベル（たとえば、全体プロモーションと個別プロモーションのどちらがよいかなど）の最適化をできるようになることが目指すべき将来の姿ということになります。

これらの前提のもとに、さまざまな施策を、まず小さく試して、タイムリーに効果を検証し、結果を施策にフィードバックさせるというサイクルを回していくことが何よりも重要になります。

たとえば、縦軸に活動の範囲（最適化される範囲）、横軸に時間軸を取ると、**図表4-8**のように全体像を俯瞰できるようになります。これはあくまで一例に過ぎませんが、自社の状況に合わせて作成してみるといいでしょう。筆者の知る限りでは、どの会社も多少の違いはありますが、おおむね図表4-8のような「目指す姿」と「課題」が明らかになります。

短期では、当面目に見える範囲での課題を解決し、最終的なゴールを目指すための足掛かりをつくる必要があります。中期では、目指す

図表4-8 マーケティング効果検証と目指すべき姿のステップ

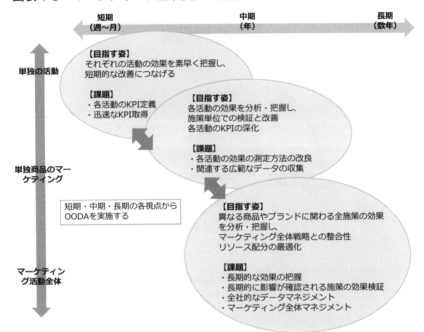

べきゴールへのコンセンサスがとれはじめ、一定の成果を生み出すようになってくるはずです。そして、長期では、会社全体としてのマーケティング活動を最適な状態へと持っていきます。このころのマーケティング活動とは経営の根幹であり、企業経営と一体のものとなっているはずです。

(4) マーケティング改革を持続的に成功させる3つのフィット

これらのマーケティング活動は短期的なものではなく、長期的にも持続的に成功させていかなければなりません。そのためには、短期目

図表4-9　マーケティングを成功させる3つのフィット

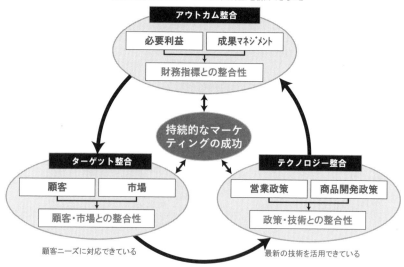

線にならずに、長期的に勝ち続けるための着眼点をしっかりと組織の中に持っていることが大切です。具体的には、以下の3つの要件を満たすことです。①必要な時期に必要なレベルの成果（利益）を創出できること、②顧客ニーズに対応していること、③最新の技術成果を活用できていること。

①では、特に、財務指標との整合がとれているということが大切です。②では、顧客だけではなく、市場とも整合していることが大切です。③では、単に技術的に優れているというだけではなく、政策的にその技術が支援されるような環境であるかなども確認しなければなりません。技術のみが整合していても、政策的に実現困難なことがある一方で、政策的には整合していても、技術自体が未熟ということもあ

るからです。

　ここでの大切な視点は、「確実に効果が継続できて、無理がなく、顧客ニーズ・政策・技術と合致していて、時流に乗っている」ということです。これらの整合性をしっかりと確認しながら、マーケティング施策をつくることが正しい施策の立て方となります。

(5) 全体を管理する仕組みをつくる

　筆者は、バランススコアカードの視点からマーケティング活動全体の管理・検証を行うようにしています。具体的には、以下の3つの視点です。①戦略の一貫性（「財務」「顧客」「業務プロセス」「学習と成功」の4つの視点から、バランスのとれた施策を設定できているか）、②実行管理の一貫性（目標から実行への展開が論理的にできているか）、③時間軸での一貫性（しっかりとしたマネジメントサイクルをつくれているか）。

　ここでの大切な考え方は、顧客ロイヤルティを最上位に据えるということです。ここが実現できていなければ、いくら利益を追求してもその場限りで終わってしまうことが多いからです。逆に、ここがしっかりとできていれば、利益もしっかりとついてくることでしょう。

　それゆえに、筆者は、**図表4-10**の上から2段目の「顧客の視点（顧客の創造）」をもっとも重視しています（他の視点も大切なことは言うまでもありません）。

　具体的には、これまでにも説明してきたとおり、マーケティング活動の入口として「顧客分類（セグメンテーション）」をします。これ

図表4-10 マーケティング活動全体を管理する仕組み

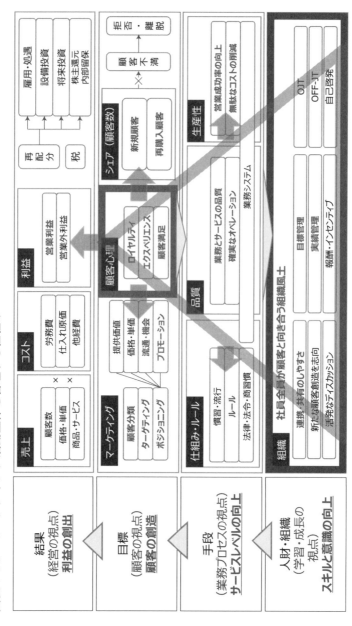

第4章 マーケティングウーダで企業を変える

らをもとに、ターゲットを明確にし、自社商品のポジションを明らか
にします。これらをもとに、最適なチャネルを選択し、プロモーショ
ンを行います。この際、新規顧客なのか再購入顧客なのかをにらみな
がら施策を行うことになります。これらの一連の活動によって、顧客
満足度を可能な限り高め、ロイヤルティを高めていく活動とします。

　この一連の活動を中心に据えることで、この活動を効果的に支える
ために必要な業務オペレーションや遵守すべきルールなどを決めてい
きます。これにより、業務とサービスの品質を高め、無駄なコストを
排除しながらも、営業の成功率を高めていくことができるようになり
ます。

　当然ながら、これを支える組織風土がきわめて重要な役割を果たし
ます。本書で「マーケティングの成否は、組織が決める」といってい
るのはこのためです。組織風土は一朝一夕で変わるものではありませ
んが、情報の共有を入口としながら、関係部門がお互いに連携できる
体制を築き上げていくことが大切になります。

　そして、最終的に「利益の増加」を確認できるようにするのです。

　図表4-10のような管理を部門ごとに行いますが、大切なことは、
「顧客満足度が向上した」「クレーム件数が低下した」「顧客からの感
謝の声が増加した」などの変化だけで満足しないことです。これらの
管理指標に加えて、最終的に「売上にどう貢献したのか（売上との相
関関係はどうなのか）」「利益にどう貢献したのか」「費用にどう影響
したのか」などの財務指標との相関関係を明らかにしていくことが、
きわめて重要なことなのです。

5. スモールスタートで「手ごたえ」をつかませる

　何事も小さく始めて大きく育てることが大切です。ここではスモールスタートとして始める際に、まず最初に築くべきことについて説明します。スモールスタートは、あくまでトライアルですので、そのトライアルの中で以下の手ごたえが得られるように配慮して進めることが肝要です。

　競合他社に先んじた施策というのは、ほんのわずかな差の積み重ねです。ここでは、このわずかな差をしっかりと積み重ねられるように努めなければなりません。これには組織としての力がどうしても必要です。組織としての連携を強めるためには、少しでも結果が出たら、そのエビデンスとともにしっかりと説明するということがとても大切です。

　当然、概念的な考え方を説明するだけではダメなことは誰にでもわかるとは思いますが、ここでよく起きる間違いは、結果のみを説明してしまうということです。まだ懐疑的な立場にいるメンバーにとっては、結果だけ知らされても不十分です。

　一方で、「有益な情報のインプットならば積極的にしたい」と考えているメンバーは思いのほか多いものです。この感情に火をつけない手はありません。「なぜそういう結果を出せたのか」を中心に説明することができれば、必ずしも好意的ではないメンバーであっても、途端に耳を傾け始めるからです。これらの成果に興味を持つメンバーを増やしていくことも、強いマーケティング組織を作り上げるうえでは、とても大切な取組みです。

第4章　マーケティングウーダで企業を変える

116

(1)【観察】による手ごたえ

最初のスタートは顧客を分類することでした。顧客をいくつかのセグメントに分類し、それらのセグメントに意味づけをします。ここから「売れる」顧客と、「売れる」ための手段の仮説が生まれます。これらの仮説に基づいてマーケティング活動を行い、その検証結果を施策に反映させていきます。

すると、マーケティング施策の精度が高まっていきますので、「売れる」成功率も高まっていきます。すると、当然のことながら、顧客をセグメント化するモチベーションも高まってくるはずです。まずは、この手ごたえをつかませることで、顧客を分類することにインセンティブを与えられるようにします。

(2)【仮説構築】による手ごたえ

何らかの施策を実行した際に、その効果をすぐに見る習慣を根づかせることで、あらゆることを試すためのハードルを下げることができます。始めてみてから修正をしていけばいいことが経験として納得できるからです。

この効果をみるために使える指標を明らかにしておくといいでしょう。施策の種類にもよりますが、一般的にはコンバージョン率（成約率）の変化や顧客からの認知度などを指標とすることが多くあります。

さらには、デジタルメディア上の消費者の反応などを適切に効果測定に用いることができるようにすることも大切といえます。

(3)【意思決定】による手ごたえ

　施策の効果をみて、すぐに検証が行えるようにしていくことが大切です。そのためには、検証によって得られる効果の手ごたえを感じ、検証することを習慣として根づかせる必要があります。

　ここでは、スモールスタートとして、まずは検証にはどのようなデータが必要なのか、どのような分析手法（技術）が必要なのかを明らかにしておくだけでも効果があります。

　もしかしたらすぐにはできないものもあるかもしれませんが、今後何を準備しておかなければならないのかを知るだけでも、先を見通すことができます。

　可能であれば、外部環境からの影響をどう評価するのか、施策同士の相互作用をどう評価するのかなども併せて検討しておくといいでしょう。

(4)【実行】による手ごたえ

　最後に、マーケティングの投資対効果を考えながら、マーケティング活動を最適化していくことも必要です。効果があれば何でもやればいいというわけにはいきません。

　ここで大切なことは、決して部分最適を目指すのではないということです。個別の部門内やある特定の商品のマーケティングについて最適化することは、それほど難しいことではありません。ここまでであれば、多くの企業がすでにやっているかもしれません。

　しかし、特定の部門や商品の枠を超えて、マーケティング活動全体

の最適化を目指すことに大きな意味があります。最初からすべての範囲で最適化を目指すことはできないかもしれませんが、まずは複数の部門でのマーケティング活動を最適化してみる、いくつかの商品について最適化してみるなどの取組みをトライアルとして実行してみることに価値があります。そして、その価値を示すことが、トライアルのゴールとして大変に重要なことなのです。

6. 顧客の生涯価値を最大化する

（1）トリガーイベントを設定することによるOODA

　顧客のステータスも変動します。あるトリガーとなるイベントがあったときには、顧客のステータスを変えられるようにしておくと便利です。最初は、なかなかここまで手が回らないと思いますが、先に述べたような施策を繰り返していくと、このような顧客ステータスの洗い替えも実施しなければならない課題となります。マーケティング施策の成功率がある程度上がり、対象顧客のヒット率も上がってくると、このような取組みによってよりマーケティング施策の精度を上げたくなってくるためです。

　たとえば、**図表4-11**の例では、グループBの顧客が、あるサービス（アフターフォローなど）の申し込みをすると、グループAの顧客に移行します。逆に、グループBの顧客があるサービス（無料キャンペーンなど）に申し込まなかったとしたら、グループCに移行します。このように管理していくと、グループAが優良な顧客群であり、ここからBに移行したとすると、何らかのフォローが必要となること

図表4-11 顧客のセグメント遷移

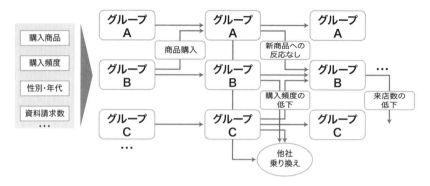

を示唆しています。

このことは、継続して購入すべき商品をある一定期間購入していない場合などにも適用できます。継続して買ってくれているうちはグループAですが、ある期間購入してくれなくなった場合にはグループBに移行させて管理します。グループAの顧客に対する対応とグループBの顧客に対する対応とでは当然違います。さらに、ずっとグループBの顧客と新しくグループBに入った顧客とでも対応は異なるかもしれません。

これらの顧客セグメントの遷移を見ながら、継続購入をすすめるためのキャンペーンをはったり、定期的な案内状の送付などによるアフターマーケティング[11]を計画することになります。

---

11 アフターマーケティングとは、販売後の顧客に対して継続して満足を提供するマーケティング・プロセスのことをいいます。自社の顧客として囲い込んでいくためには、決して売りっぱなしにしてはならず、顧客へのアプローチを継続していくことがきわめて大切になります。

（2） 顧客のライフサイクルを把握する

　まず、マーケティング活動の最適化の中でも以下のような絞り込みを行って、小さくトライアルを開始することを模索します。マーケティング活動の中でも、一部の特定活動、特定商品に絞って行うことが成功の秘訣です。

　要因は、特に重要で取得可能なもののみにすることも大切です。

　たとえば、購買や資料請求を増やすことを目的に、広告を打つことを考えます。広告にもいろいろな種類があります。テレビCM、新聞広告、雑誌広告、ネット広告、ラジオ広告、ソーシャルメディアなどです。それでは、どの広告を打つのがいいのでしょうか。または、どのような比率で出稿すると最大の効果をもたらすのでしょうか。

　これらのことはすぐに結論は出ませんが、まさにOODAループによって迅速にスモール実験を繰り返すことで、おおよその最適な組み合わせを割り出すことができるようになります。この際にも、直接測定できる顧客反応の中間指標として、KPIを定めるようにします。たとえば、サイトPV、検索回数、つぶやき回数、クリックスルーなどです。この場合にも、Webを活用したアクションに対する中間指標のほうが収集しやすい特性があります。まずはWebでスモールスタートして、段階的にリアルな取組みにも拡大していくという方法もあります。

　そして、スモール実験を、インプットを変えながら繰り返します。先ほどのテレビCM、新聞広告、雑誌広告・・・・の比率を少しずつ変化させて結果を確認していきます。このようにすることで、目的とするゴールに最速でかつ効率的にたどり着くためのインプット比率も明ら

図表4-12　マーケティング活動の最適化の例

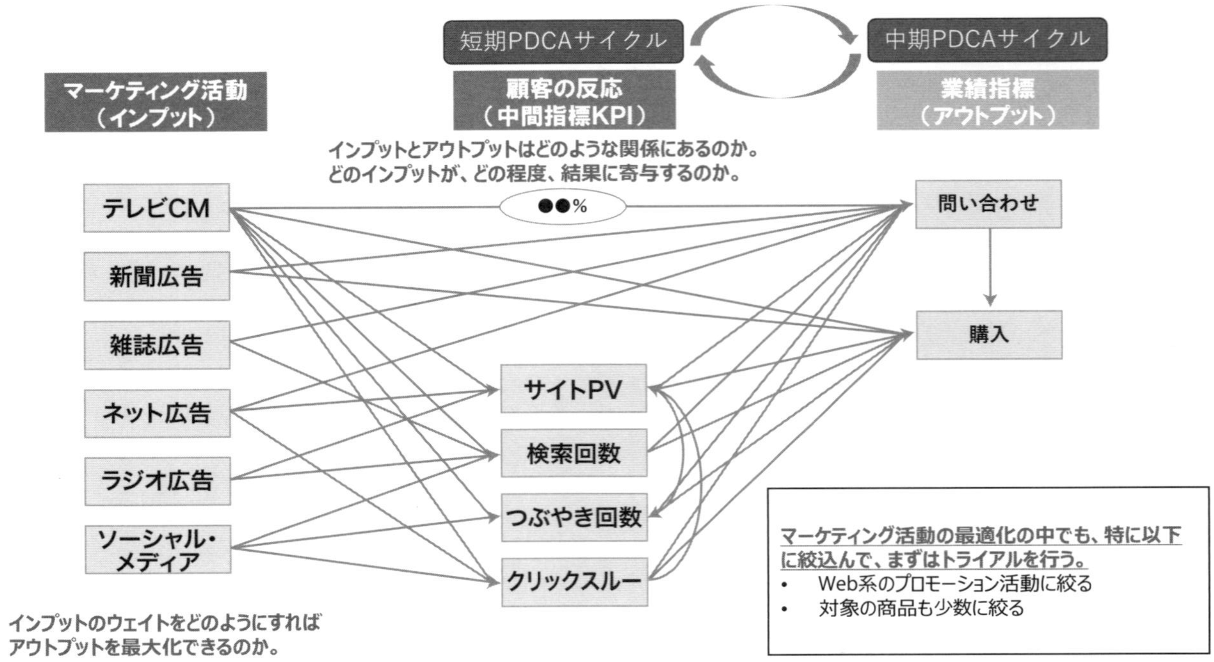

マーケティング活動
（インプット）

テレビCM
新聞広告
雑誌広告
ネット広告
ラジオ広告
ソーシャル・メディア

短期PDCAサイクル

顧客の反応
（中間指標KPI）

●●%

サイトPV
検索回数
つぶやき回数
クリックスルー

中期PDCAサイクル

業績指標
（アウトプット）

問い合わせ
購入

インプットとアウトプットはどのような関係にあるのか。
どのインプットが、どの程度、結果に寄与するのか。

インプットのウエイトをどのようにすれば
アウトプットを最大化できるのか。

マーケティング活動の最適化の中でも、特に以下に絞込んで、まずはトライアルを行う。
・Web系のプロモーション活動に絞る
・対象の商品も少数に絞る

第4章　マーケティングウーダで企業を変える

122

かにすることができます。

顧客の生涯価値[12]を高めることは、あらゆる業界において重要な取組みです。

たとえば、顧客のライフサイクルをとらえて、その中で必要なアクションを打つことで、継続的な関係を強めていくことができます。顧客のライフサイクルを包括的にとらえることは、なかなか困難な業界もあるかもしれません。しかし、顧客のセグメント分類、そしてそこへの意味づけ、セグメントの遷移などをとらえていくことで、ある程度の顧客のライフサイクルをとらえることができる場合があります。

どのように緻密につくりあげたマーケティング戦略であっても、やってみるまで成功するか失敗するかはまったくわからないというのが現代を取り巻く事業環境です。そのため、しっかりとした分厚い企画書やエビデンスをいくらそろえたところで、それだけでマーケティングの成功率が上がるわけではありません。変化の速い時代にあっては、たとえ不十分な企画であったとしても、まずは実験してみるということが大切になっています。

特にデジタル・マーケティングの世界では、やってみてすぐに修正をかけ、それを積み上げていくというやり方のほうがリスクも少なく、成功率も高めることができます。

ただし、このときの「修正」をする責任者をしっかりと決めなければなりません。できれば、顧客に一番近い立ち位置にいる現場の責任

12　顧客生涯価値とは、「Life Time Value」のことで「LTV」とも表記します。先進企業が注目する新経営指標の1つです。すなわち、LTVとは、顧客がある商品・サービスに対して、生涯合計でどれくらいの金額を使うのかを表した指標になります。この指標を高めることは、顧客との関係を深め、商品の購入頻度や購入単価を高め、トータルでの支払い金額を高めることになります。

者を指名するのがいいでしょう。顧客の反応や変化を肌で感じて、柔軟に軌道修正をしていけるようにするためです。

　このように「現場に権限を与え」「柔軟に施策変更できる」体制を築き上げることが、マーケティング成功のカギを握っています。

　マーケティングの目的は、買いたい気持ちを強め、買いたくない気持ちを弱めることにあります。買いたいという思いを強めたとしても、同じくらい買いたくない理由がある場合もあります。だからこそ、これら両面に対するマーケティングが必要なのです。

　仮に、買いたいという気持ちの大きさに変化がなかったとしても、買いたくない理由を小さくしてしまえば、相対的に購入確率は高まります。

　マーケティングは、ジグソーパズルのピースを1つずつ埋めていくようなものだといえるかもしれません。最後の「買う」というピースを当てはめるために、少しずつ階段を上がっていきます。この過程の中で、決して顧客に圧迫感や強迫観念を抱かせるようなことをしてはいけません。顧客が自らの意思で階段を上っているのだと思わせなければいけないからです。

　このうまい事例は、アプリの課金サービスに見られます。最初のうちは無料アプリを使っていますが、気がつくと課金サービスも使うようになっているというものです。あくまで自分の意思で選択し、課金サービスを利用するのです。そして、最初は少額のサービスしか利用しなかった顧客も、提供されるサービスに本当に満足しているならば、より付加価値の高いサービスも利用するように変わっていきま

第4章　マーケティングウーダで企業を変える

124

す。このような顧客の導線をしっかりと引き、そこに向けて、いつ何が必要なのかを見極めながら、マーケティング施策というパズルのピースを当てはめていくのです。

(3) カスタマージャーニーをとらえる

これまでにも述べてきたとおり、顧客をセグメントに分け、セグメントごとにはマクロにマスマーケティングを展開していきます。しかし、それではどうしても取り逃してしまう顧客も生まれますし、きめ細かな対応をすることはできません。そこで、よりマーケティング効果を高めて、利益を獲得していくためには、データに基づいて取り逃している顧客を発見し、顧客として取り込んでいく必要があります。そのための1つの入口が各セグメントへの意味づけの追加であり、その先にあるペルソナでした。しかし、ここでもう少し踏み込むとカスタマージャーニーという発想になります。

カスタマージャーニーとは、ペルソナに時間軸を追加して、時系列で見える化したものをいいます。ペルソナの動きを見える化することで、顧客とのタッチポイントを明らかにし、適切なタイミングで、適切なチャネルを用いて、適切な情報を伝えることができるようになります。まさに、直訳のとおり、「顧客の旅」なのです。

ただし、ここでの注意点は、徹底した顧客目線に立つことです。自社目線での理想的なカスタマージャーニーをつくりあげたところで、顧客はそのとおりには決して動きません。顧客はどのようなプロセスを得て、その商品にたどり着き、その商品を購入するのか、そして、そのブランドを好きになるのか。必ず顧客の目線に立って描かなけれ

図表4-13 カスタマージャーニーマップの例

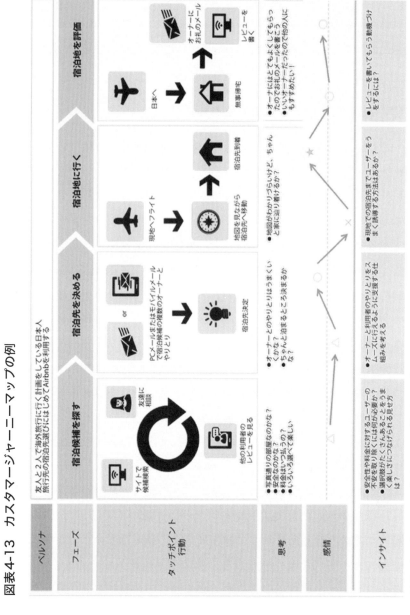

出所：インプレス・Web担当Forum（棚橋弘季「カスタマージャーニーマップを正しく活用するには「おもてなし」と「カスタマーエクスペリエンス」の理解から」、https://webtan.impress.co.jp/e/2013/11/14/16305）

ばなりません。

（4）定性的な情報を付け加えていく

　定性的な情報を集める方法として、グループインタビュー[13]やデプスインタビュー[14]などがあります。ターゲットとする顧客に直接聞いてみないとわからないことも多々あるためです。データ分析で確認された内容を、直接聞いて確認するために行う場合もあります。しかし、顧客自身でさえも自分の本当の欲求や潜在的なニーズは把握していないことが多いものです。さらには、なんとなく把握していたとしてもそれを言葉で表現できるかどうかといった問題もあります。

　このように、顧客にとってさえもあいまいなものを見つけ出して、はっきりと示していくことが今後のマーケティングにとっては大変重要になります。顧客自身に聞いても「なんとなく」とか「よくわからない」と答えるようなものにこそ、まだまだ潜在的なニーズや思いもよらない意味が隠されていることがあるからです。

　こういったものを探していくことがデータ分析の醍醐味でもあり、そのためには、顧客に関するデータを整備し、収集する範囲を広げ、適切に管理していくことが重要になるのです。

13　グループインタビューとは、モデレーター（司会）の進行のもとに、複数の対象者（3～10名程度）がテーブルを囲み、テーマに沿って話し合うことで知りたい情報を獲得する定性的な調査手法をいいます。参加者が互いの会話によって刺激し合うことで生じる相互作用も見込まれ、より多く、より深い情報を得ることを目的に行われます。なお、発言内容だけではなく、表情やしぐさなども観察対象として記録していきます。
14　デプスインタビューとは、インタビュアーと対象者が1対1で行うインタビューをいいます。深層意識の中にあるニーズや要望を引き出すために行われます。商品開発などの目的で行われることが多いものです。

（5）定性データと定量データから顧客の検討ステージをとらえる

　マーケティング施策を考えるうえでは、マーケティングモデルも役に立ちます。ひと昔前とはだいぶ様変わりしましたが、それでもマーケティングモデルを使う有効性は今でもあります。

　たとえば、AIDMAモデルというものがあります。これは「Attention（認知する）」「Interest（興味を持つ）」「Desire（欲しいと思う）」「Memory（記憶する）」「Action（購入する）」の頭文字を取ったもので、消費者が商品を購入するまでのプロセスをモデル化したものです。1924年に提唱されました。

　しかし、インターネットの普及とともに、このモデルでは捕捉できない課題が出てきたため、新しくAISASモデルが登場しました。AISASでは、AIDMAの「Desire（欲しいと思う）」「Memory（記憶する）」の代わりに、インターネット時代に適した「Search（検索）」「Share（シェア・共有）」が加わっています。

　いずれにしても、マーケティングモデルの各段階における現状を把握し、そこに該当する顧客を割り出し、適切なマーケティング施策を打つことが大切になります。

　ここに例示したマーケティングモデルはあくまで一般論としてのモデルですので、自社商品や自社サービスに適した独自のマーケティングモデルをつくるようにするといいでしょう。ケースにもよりますが、筆者は**図表4-14**のようなものを使用することが多くあります。このように粗いモデルでいいのかとの質問も受けますが、各社の状況に応じたマーケティングモデルを使用することをおすすめします。

　マーケティング活動全般にいえることですが、必ずしも高度なこと

第4章　マーケティングウーダで企業を変える

128

図表4-14 マーケティングモデルの活用例

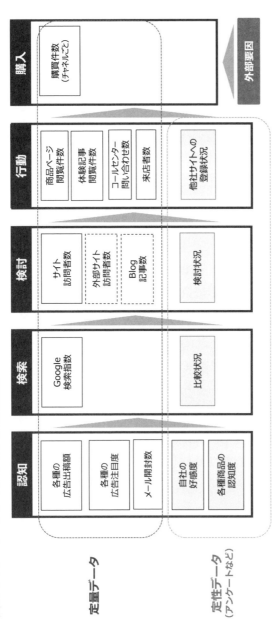

129

をする必要はありません。高度かつ複雑なものが優れているとは限らないからです。シンプルで簡単なものであったとしても、自社に合ったものを使うほうが確実な成果に結びつきます。そして、まずは小さく始めて、そのままOODAループを回していけば、より効果の高い活動へとステップアップしていくことになることでしょう。

（6）顧客の検討ステージをとらえてOODAを回す

　顧客がどのステージにいるのかによって、効果的なマーケティング手段も変わります。そのステージをとらえる一例が**図表4-15**です。

　縦軸には、顧客の検討フェーズを取ってあります。商品をただ知っているだけの状態なのか、すでに買うことを検討しているのか、すでに買った経験があるのか、もう買う直前の状態にあるのか、などです。これに対して、横軸には自社の持つ販路（チャネル）や営業手段を取ってあります。顧客のいるフェーズによって最適なマーケティング手段は異なるからです。このように、それぞれの顧客にとって最適なマーケティング手段を採っていけるように、顧客のステージを明らかにして、可視化しておくといいでしょう。

　また、マーケティング施策は決して本社だけでつくるものでもありません。現場で何が起きているのかを知らなければ、適切なマーケティング施策をつくることなどできないからです。そのためには、相互に連携できる体制をつくらなければなりません。営業現場で起きていること、営業パーソンが顧客と接して感じたことなどを、しっかりとマーケティング部門にフィードバックできるようにします。マーケティング施策は固定的に行うものではなく、機動的に柔軟に修正をかけ

第4章　マーケティングウーダで企業を変える

図表4-15 顧客の検討ステージごとの最適なマーケティング手段の選択

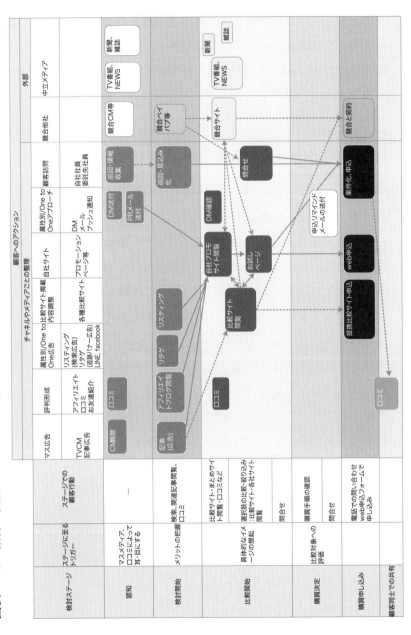

131

ていかなければなりません。では、誰が修正の決断をするのがいいで
しょうか。筆者は、「顧客を一番理解している者」と考えています。
短期的な施策の修正は営業現場が主体となり、柔軟に対応するのがい
いでしょう。

（7）ブランド構築にまで高める

マーケティングといえば、テレビCMや広告などを思い浮かべる読
者も多いのではないでしょうか。確かに、ひと昔前はそのように考え
ても差し支えない時代もありました。（ひと昔前であっても、本来は
間違いであったことに変わりはありません。影響が小さかっただけで
す。）しかし、本来のマーケティングとは、顧客に自社の商品をどの
ように知ってもらい、最終的に顧客のもとにどのように届けるかとい
うことです。

ですから、本来は全社員がマーケティング活動にかかわるといって
も過言ではありません。そのためには、マーケティングを行うために
は単独部門だけではなく、全社に横ぐしを刺した統合的な組織づくり
が必要となります。

実は、これこそが自社商品の「ブランド」とは何かということにも
つながるのです。自社のビジネスにとって必要な顧客にしっかりとア
プローチをするためには、企業や商品のブランディングを欠かすこと
はできません。

それでは、そもそも「ブランド」とは何でしょうか。ブランドの役
割には、大きく3つあります。おそらく読者がブランドと聞いて思い
起こすのは、以下の①ではないでしょうか。しかし、それ以外にも役

第4章　マーケティングウーダで企業を変える

132

割があります。②や③の役割を目指してブランディングをする企業も
あるくらいです。ここでは、大まかにブランドの役割についても見て
おきましょう。

① 社外へのPR

いわゆる顧客が感じるブランドです。ブランドがあることで、自社
製品を他社製品と差別化することができます。同じ大きさ、同じ形の
液晶テレビがあったとしても、違うブランドのものは、違うものとし
て認識しているのではないでしょうか。

ブランドが強ければ、他社製品と比較して有利なポジションを築く
こともできます。

② 組織の結束力、トラブルの未然防止

ブランドには、「社員へのアナウンスメント効果」の役割もありま
す。たとえ、その内容が顧客には十分に認知されていなかったとして
も、自社ブランドとは「こうあるべき」という目指すべきビジョンが
ブランドという形を通して、全社員に伝えることができるからです。
難しい経営理念など理解できないという社員であっても、自社ブラン
ドに沿うような行動はできるものです。このような効果を利用して、
組織の結束力を強化している企業もあります。

③ 資源配分の優先順位づけ

ブランドには、「優先順位をつける」役割もあります。たとえば、
AブランドとBブランドの2つのブランドを有しているとします。当
然、使えるリソースには限りがありますので、それぞれのブランドに

どのようにリソースを配分するのかを決めなければなりません。

これはすなわち戦略を決めることであり、組織構造を規定することにもつながります。

(8) データドリブンマーケティングの時代

データドリブンマーケティングとは、多くのマーケティング手法の中でも、特に、データ分析に重点をおいたマーケティングのことです。マーケティング施策を組み立てる際には、データ分析による裏づけを大切にすることで、施策の効果を高めていくことを目指しています。

なお、本書では、マーケティング活動が企業経営の根幹につながるとの立場をとっていますが、同じように、近年では「データドリブン経営」もさけばれています。データに基づいて経営の意思決定を行う経営手法のことです。もちろん、経営者や経営陣の勘や経験に基づいた戦略なども否定するものではありませんが、データを活用して経営の意思決定に活かしていくという方向性は間違いなく正しいことでしょう。IBMが2017年に1万2,500人を超える世界の経営層を対象として行った調査では、約8割の企業が「データを用いて、見えない顧客のニーズを発見」と回答しています。

第4章　マーケティングウーダで企業を変える

134

7. KPIとKGIの設定

　これまでマーケティングを成功させるために、特にその組織体制が大切であること、組織に根づかせる考え方としてOODAループが大切であること、そして、その導入として顧客分類が大きな役割を演じることを説明してきました。

　マーケティングが目指すゴールは、企業の成長であり、世の中に対する貢献です。そのためには、利益を上げる必要があり、顧客をつかまえる必要があります。

　ここでは、短期と中長期に分けて、それぞれのOODAループの中で何を評価指標としていけばいいかについて説明します。最終的な指標としてKGIを定め、その中間指標としてKPIを定めます。KGIよりも先にKPIに変化が起きるはずですので、通常はKPIを確認していくことになります。

（1）短期的な評価指標の設定

　短期的な評価指標として、以下のようなものを設定するといいと思います。あくまで一例ですが、参考にしてください。

【観察（Observe）】
　・手持ちの顧客情報を漏れなく活用
　・分析・セグメント情報に基づく立案
【仮説構築（Orient）】
　・マーケティング部門の顧客理解促進

・施策・ターゲット検討の試行錯誤

【意思決定（Decide）】

・重複による無駄を排除

・顧客特性・興味関心をとらえた提案

・現状把握サイクルの短縮

【実行（Act）】

・施策から検証までのリードタイム削減

【ゴール】

・顧客獲得

・1件あたり売上増加

（2）中長期期的な評価指標の設定

中長期的な評価指標としては、以下のようなものを設定するといいと思います。こちらもあくまで参考としてください。

【観察（Observe）】

・現状把握の深化

・効果検証の深化

【仮説構築（Orient）】

・検証からの仮説立案の促進

【意思決定（Decide）】

・関係者間での効率的な情報共有

・ミドル部門のデータ活用範囲拡大

・バック部門のリソース創出

図表4-16 OODAループの効果測定

	目指すゴール	効果測定のKPI	測定方法
観察（O）	●顧客情報を漏れなく活用できている ●部門横断での顧客理解ができている ●現状把握にかかる時間の短縮 ●顧客理解までのリードタイム削減 ●現状把握の深化	●顧客情報の種類の増加数 ●セグメント情報の増加数 ●顧客理解レベルの向上数 ●試行錯誤（分析→検討）の増加回数	●顧客情報の種類をカウント ●セグメント情報の数をカウント ●理解レベルを定義し、状況をアンケート調査 ●検討時の試行錯誤回数をアンケート調査
仮説構築（O）	●セグメント・データ分析に基づく仮説構築 ●ターゲット・施策の試行錯誤 ●顧客特性・興味関心を踏まえた施策	●検証リードタイムの削減 ●検証レベルの向上数 ●仮説立案レベルの向上数	●情報収集頻度より実績把握サイクル（月次/週次など）を算出 ●検証レベルを定義し、状況をアンケート調査 ●仮説立案を定義し、状況をアンケート調査
意思決定（D）	●重複による無駄を排除 ●施策から検証までのリードタイム削減 ●関係者間での迅速な情報共有	●施策把握レベルの向上数 ●状況把握レベルの向上数 ●オンライン/オフライン横断施策の増加件数 ●施策ROIの向上率	●施策把握レベルを定義し、状況をアンケート調査 ●把握レベルを定義し、状況をアンケート調査 ●オンライン/オフライン横断施策の件数をカウント ●施策ROIを過去実績と比較
実行（A）	●顧客満足度の向上 ●施策に対する反応・結果の向上 ●効果検証の深化 ●効果検証から新たな仮説立案の促進	●実績把握のサイクル短縮時間 ●情報共有レベルの向上数	●短縮された検証リードタイムを算出 ●情報共有レベルを定義し、状況をアンケート調査
その他	●ミドル部門のデータ活用範囲拡大 ●バック部門のリソース創出 ●システム構築の対応コスト削減	●バック部門への分析依頼の削減件数 ●仮説構築→検証の件数増加	●分析依頼の件数をカウント ●作業ごとの工数割合を算出

・システム部門の対応コスト削減

【実行（Act）】

　・顧客満足度の向上

　・施策に対する反応・結果の向上

　・察知までのリードタイムの削減

【ゴール】

　・離脱抑制

　・1件あたりコスト減少

　・間接費削減

　・機会費用削減

8. マーケティング活動への貢献度を「見える化」する

（1）評価指標をつくり、全体から各メンバーまで「見える化」する

　マーケティング活動の成果をどのように測り、どのように全社で共有していくのかということも大切な課題になってくることでしょう。これにはいろいろな方法がありますが、筆者はここで紹介する方法で管理をしてきました。これでは不十分だと思う読者もいるかもしれませんが、このような測定をする目的は、それぞれの部門やメンバーが、決めたマーケティング活動に対してどの程度の貢献をしているのかを正しく「見える化」することにあります。これらを実現するためには高価なパッケージソフトを購入することも1つの選択肢かもしれませんが、ここでの基本的な考え方を押さえたうえで、読者自身でアレンジしてみてください。

第4章　マーケティングウーダで企業を変える

「計測できるものは改善することができるが、測定できなければ改善することはできない」といわれます。そこで、各部門のマーケティング活動への貢献度合いをしっかりと見える化することを試みます。

　最終的には、社内のあらゆる活動をこの枠組みに乗せることもできますが、まずは見える化のしやすい活動内容にだけフォーカスして、順次、見える化できる範囲を拡大していきましょう。

(2) 体系的な評価と管理をしやすくするための要件

　筆者は、マーケティング活動を体系的に評価し、管理をしやすくするためには、見える化する指標が以下の要件を備えていなければならないと考えています。

① データの取得が容易であること

　データを入手することが困難であったり、手間がかかりすぎると、見える化の作業を進めるうえで大きな障壁となってしまいます。そこで、まずは簡単に入手できるデータを用いて行うことをおすすめします。

② 計算が簡単であること

　データを入手しても、ただそれを並べるだけでは意味をなさないことのほうが多いことと思います。そのため、何らかの集計や加工をする必要があります。この作業もなるべく簡易に行えるものを選ばなければなりません。計算に負担がある場合には、この活動が継続しない可能性も高まります。

③ リアルタイムで成果の把握ができること

次に、大切なのはタイムリーに見える化が行えることです。タイムリーさがなければ、その結果を見たところで、適切な軌道修正ができなくなってしまいます。なるべくリアルタイムに計算結果を示すことのできる指標でなければなりません。

④ 差異・原因などが容易にブレークダウンできること

計算した指標に何らかの変化がみられる場合には、どこにその原因があるのかを解明できなければなりません。「何が原因なのかはわかりませんが、指標が悪化しています」というようでは、何の改善にもつなげることはできません。

逆に、指標が改善していることがわかったとしても、その原因を突き止めることができなければ、どの部門の（または誰の）貢献によるものなのかもわからなくなってしまいます。

⑤ 部門（またはメンバー）の成長度合いも視覚化できる

単に貢献度合いがわかるだけではなく、その部門（またはメンバー）の成長度合いも可視化できることが望ましいでしょう。

もし、これらも可視化することができれば、人材育成のための指標としても活用することができるようになります。

(3) 指標を体系化する

評価指標はすべての部門・チーム・メンバーが、すべて同じ体系の中で評価できるようになっていなければなりません。A部門はA指標

を用いるが、B部門ではB指標を用いるというようでは、全部門を同じ土俵で評価することができなくなってしまいます。これではお互いの協力関係を強めることができません。また、統一的な指標でなければ、どの活動をどの部門がどのくらい貢献したのかということも明らかにすることができません。

　そのため、すべての部門、すべてのメンバー、すべてのカテゴリーにおいて共通の計算構造となるように、体系的な指標をつくらなければなりません。つまり、ある評価項目（たとえば、顧客訪問件数など）での評価指標を求めることも、会社全体の指標（たとえば、利益増加額など）を求めることも、まったく同じ計算方法で行えるようにしなければなりません。

　具体的な指標作成プロセスの概念を**図表4-17**に示します。

1) たとえば、営業現場の評価指標として「受付件数」「情報獲得率」「クレーム率」「処理時間」‥‥などを集計・算出するとします。

2)「受付件数」「情報獲得率」「クレーム率」「処理時間」などの評価指数をすべて求め、これらを合成（加重平均）することで「担当者A」の評価指標が求まる構造とします。（ただし、従事する担当業務ごとに評価指数間の重みづけが必要な場合は、下式の要領で重みづけをします。）

　以下に、重みづけをする場合の評価指標の一例を示します。

$$評価指数_{△△部} = \omega_1 P_1 + \omega_2 P_2 + \omega_3 P_3 + \omega_4 P_4$$

3) 同様に順次指標を算出することで、「担当者B」「担当者C」などの評価指標が求まります。

4）これらの評価指標から、さらに上位階層の「Aチーム」「Bチーム」などの評価指標が求まります。

5）これらを合成することで「Aグループ」「Bグループ」などの評価指標が求まります。

6）これらの計算を繰り返すことで（実際には、Excelに関数式を入力しておけば、所定の各項目の数値を入力するだけで自動計算されるようにできます）、各種実績の定量評価の合成値から各担当者の貢献度合いを評価することができるようになります。さらに、チームごと、部門ごと、会社全体などの評価指標を算定することができるようになります。

　この評価指標のもっとも重要な点は、すべての階層が同じ計算構造で体系化されていることで、すべての階層において指標の比較ができるという点です。したがって、ある活動の指標変化の原因を、理論上は各個人の一評価項目にまでブレークダウンして変化の要因を究明することができるようになります。

　図表4-17の例（濃いアミの部分）で見てみると、たとえば、会社全体の評価指標に大きな変化が見られたとします。その要因を各部門の評価指標で見ると、「A部門」に原因あることがわかり、さらにその中でも特に「Bチーム」に原因があることが解明できます。さらに、その中でもその原因は‥‥と見ていけば、最終的には「担当者C」の「情報獲得率」に問題があったというところまで原因を究明することができるようになります。ここまで解明できれば、対策もすぐに打てるようになるはずです。

第4章　マーケティングウーダで企業を変える

142

図表4-17　評価指標の体系化の概念図

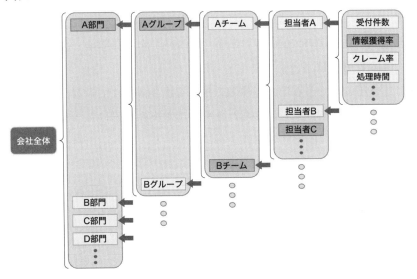

(4) 評価指標の算定方法

前述のような概念を実現するために、適切な指標の算定方法を決めます。筆者は以下のように考えています。

1) 指標の作成方法として、一般的に、パーシェ指数とラスパイレス指数が知られています(注)。さらに、基準年の取り方によって、固定型と連鎖型があります。ラスパイレス指数は、基準年と同じ評価項目で評価した場合に、基準年と比較してどの程度評価がアップしたかを測定することができるものです。

2) 計算に使用する評価数量は、基準年の実績値のみを使用するため、指数を早い時期に算出できる利点があります（売上が立った段階や客

先訪問を完了した段階で、すぐにでも指数算定を行うことができます）。

3）さらに、説明は省略しますが、ラスパイレス指数は、計算過程における数量単位（金額（千円）、件数（件）、台数（台）、率（％）など）を任意とできるため、複数の指数を組み合わせて指数合成をする場合には都合がいいと考えられます（途中経過にどのような数量単位を用いても最終結果には影響を与えないため、各階層の指標を体系的に整理することができます）。

4）一方、これら指数には、基準年の取り方によって、連鎖型と固定型があります。連鎖型は、基準年を常に評価年の前年とするもので、前年と比較して評価項目の成果（利益額や客先訪問件数など）が増加（または減少）したかを測定する指数です。一方の固定型は、基準年をたとえば2019年などのある一時点に固定するものですが、基準年のデータが欠落している場合（たとえば、基準年時点では販売実績のなかった商品や入社していなかったメンバーがいる場合など）には、指数を作成できないという欠点があります。

5）以上の考察から、目的とする管理指標の計算方法としては、「連鎖型のラスパイレス指数」がもっとも妥当であると筆者は考えます。

図表4-18　指数の算定方法の選定

	パーシェ指数	ラスパイレス指数
固定型	×	×
連鎖型	×	○

（注）ラスパイレス指数：$P_L = \dfrac{\sum p_1 q_0}{\sum p_1 q_0}$　パーシェ指数：$P_L = \dfrac{\sum p_1 q_1}{\sum p_0 q_1}$

　　ただし、p_1、q_1 は評価金額と評価数量、p_0、q_0 は基準年の評価金額と評価数量。

　　また、両者の良い部分を合成した指数としてフィッシャー型があるが、計算が煩雑化するため除外した。

　　フィッシャー指数：$P_L = \sqrt{\dfrac{\sum p_1 q_0}{\sum p_1 q_0} \times \dfrac{\sum p_1 q_1}{\sum p_0 q_1}}$

図表4-19 施策効果の見える化と貢献度合いの見える化（イメージ）

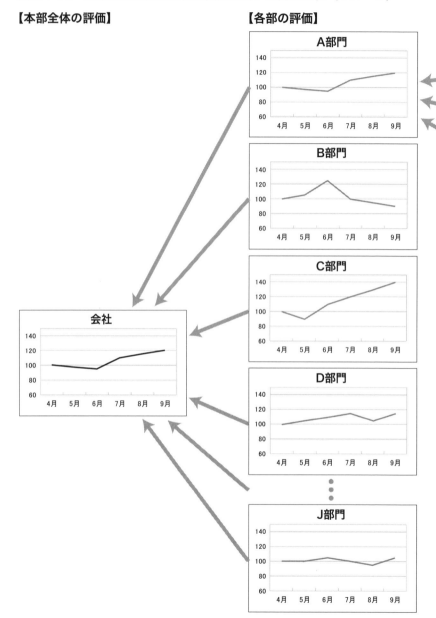

第4章 マーケティングウーダで企業を変える

【各グループの評価】

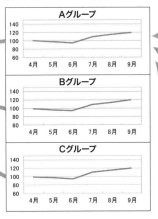

【各チームの評価】

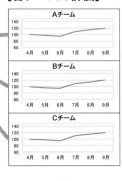

部門をまたがるマネジメントの難易度

部門をまたがるマネジメントは、自部門の中だけで行うよりも困難なことが一般的です。それよりもさらに難しいのが、社外も含めたマネジメントです。社内だけのマネジメントであれば、会社のためという大義名分も手伝ってくれることでしょう。しかし、これが子会社や関係会社、さらには委託先の会社まで含めた場合にはどうでしょうか。自社からの距離が遠ければ遠いほど、これらのマネジメントはより難しくなっていきます。その根本にあるものは、自社からの距離が離れるほど、管理する手法がなくなってしまうからです。

これらのマネジメントの仕方については、どのように行うのが適切であるかという結論は、筆者自身もまだ得ていません。しかし、自部門ひいては自社だけで行うマネジメント手法とは別のマネジメント手法が求められているのではないでしょうか。

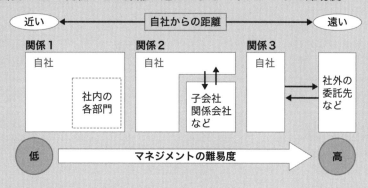

図表4-20　自社からの距離の違いによるマネジメントの難易度

特に、外部に委託するような業務の場合には、そのプロセスや費用構造をしっかりと理解し、ブラックボックス化しないようにすることも大切です。

　今後あらゆる業界でさらに拡大すると思われるアウトソーシングの状況を鑑みれば、今からこれらの管理方法を整備しておくことが望ましいといえるでしょう。前述の管理指標の体系化の中に組み込むことができれば、同様に管理していくこともできると筆者は考えています。

第5章
すべては「人」に行き着く

（1）マーケティングとは、OODAループの繰り返し

どこまでいっても「セグメンテーション」が基本

　マーケティングの基本は、顧客を分類するセグメンテーションです。顧客を分類することで、何とか顧客を理解しようと努めます。あるセグメントにはAという商材が合っているが、別のセグメントにはAよりもBをすすめたほうがいいということもわかります。これによって、セグメントごとにどのような商品が最適なのかがわかります。このセグメントを極限まで細かくしたものが個人です。したがって、最終的には、各個人にとって最適な商品、最適な提案の仕方、最適な販売チャネルなどが把握できるようになります。

大切なのは顧客の行動変容

　マーケティングにおいてもっとも大切なのは、顧客に行動変容を起こすことです。顧客の行動を変えることで、初めて成果に結実することができるからです。顧客を分類し、顧客理解を深めることは、顧客に行動を起こさせるための土台となるものです。

　将来的には、顧客本人さえも気づいていないニーズや価値を与えられるようになることを目指すべきだと思っています。

（2）マーケティングとは、「人を理解する」ことに尽きる

感情のつながりを追求する

　人を理解するということは、人の「感情」を理解することだと言い換えてもいいかもしれません。それゆえに、企業は人との感情のつな

第5章　すべては「人」に行き着く

がりをもっと科学的に追求していく必要があります。ここでいう人とは、顧客だけに限りません。自社の社員や取引先の社員なども含まれます。

ところが、いまだに世の中の多くの企業では、これらのことが経験や勘を頼りに進められているのが実情ではないでしょうか。せっかくデータを取れるようになってきているのですから、科学的な分析を行い、戦略的にマーケティングに活用していくことが正しい企業の姿だといえます。

ただし、マーケティングを行うのも最終的には「人」です。マーケティング活動を推し進めるのも、営業を行うのも最後はやはり「人」です。私は、この「人の大切さ」を特に強調したいと思います。

(3) マーケティングはマーケティング部門だけの仕事ではない

前の章でも説明しましたが、マーケティングとは全社の仕事であり、経営の根幹です。私はむしろマーケティングこそが経営そのものになるとさえ思っています。

しかし、マーケティングはマーケティング部門が考え、営業は営業部門が行い、もっと全社的な戦略は企画部門がつくり、人材育成は人事部門が行う。こんなふうに考えていないでしょうか。

もちろん、それぞれの部門がこのような仕事をすることは間違いではありません。しかし、これらの仕事は決して独立して存在しているわけではないことを改めて認識しておく必要があります。これらの仕事は、大切な顧客にサービス・商品をお届けし、最終的に会社の利益を伸ばすために、すべてが連動して同じ目的に向かって動いていま

す。

　「マーケティング活動は全社員の仕事である」というのは、そのような意味を込めた私からのメッセージです。マーケティングを変えれば、経営が変わります。マーケティングを変えれば、社員の動きが変わり、部門同士の連携の仕方も変わるのです。

短期的な売上と長期的なブランディング

　短期的な売上拡大と長期的なブランド構築のバランスをとることも、マーケティングにおける大切な課題です。むしろ永遠の課題といってもいいくらいです。

　ビッグデータという言葉がもてはやされてから、もう10年以上が経過しています。その間には、確実に、顧客の購買履歴や来店・アクセスパターンなどの膨大なデータを取得し分析することが可能になっています。さらには、情報は人の脳にインプットされることで、行動に変換されてアウトプットされています。それゆえに、逆に人の行動を分析することで、インプットされた情報を突き止めることができるようになるのかもしれません。これもまさに「人を理解する」ことなのです。

　そして、企業と顧客が常に「つながる」ようになることは、企業と顧客との関係が劇的に変わっていくということであり、マーケティングやビジネスモデルを根本から見直す時代が訪れることでしょう。昔ながらの「手離れ」よく販売するなどという考え方は、もはや通用しないのです。

第5章　すべては「人」に行き着く

154

（4）マーケティングコミュニケーションを極めねばならない

高いことの説明をする

　もし、他社と比べて自社商品の値段が高いならば、なぜ高いのかを顧客に対して「説明」しなければなりません。そして、それに顧客が納得してくれるならば、他より高くても購入してくれるはずです。

　今後は、安さを売りにするようなマーケティングは影をひそめていくことでしょう。どの会社であっても価格競争には陥りたくないはずです。もし、安さを売りにするビジネスモデルから決別をするならば、その瞬間からマーケティングコミュニケーションの重要性が飛躍的に高まります。安いことには特段の説明はいりませんが、他よりも高いものを買ってもらおうとすれば、高い理由をしっかりと説明しなければ、誰にも買ってもらうことができないからです。

ネットと店舗を融合させる

　近年は、ネット販売と店舗販売の融合がさけばれることが多くなりました。

　ネット販売のウイークポイントは、基本的に「受け身」なことだといえるでしょう。顧客のほうからWebサイトに訪れてくれなければ、商品やサービスをアピールすることも販売することもできないからです。

　すると、やはり店舗の強みとネットの強みを融合する動きも出てくるのではないでしょうか。実際に、店舗で実物を確認しながら、注文はネットでするという人も増えてきています。そうであるならば、店舗で実物を見せて、ネットで販売できた場合にはその売上の一部をシ

ェアするなどの仕組みもできてくるのではないでしょうか。

そういう意味では、エンターテインメントを指向する小売店舗も増えてきています。「楽しむために店舗を訪れる」というのも1つの流れになるかもしれません。

これからは、物流も大きく変わっていくのではないでしょうか。その変化を象徴しているのは、即日配送です。特に一部の都市部では、この変化が顕著になっています。ネットで注文しても、数時間後には自宅に届くという世界になるならば、やはりネットと店舗の融合が加速されるのではないでしょうか。

(5) プロデュースする力を持て！

モノは同じでも、プロデュースする力によって商品の価値が一変します。これこそマーケティング活動の醍醐味といえるのではないでしょうか。今後は、いかにビジネスをプロデュースするかが重要になります。

商品やサービスがただそこにあるというだけでは何も価値を生まなくなることでしょう。これをうまくプロデュースして売り出すことで初めて商品としての価値が生まれる時代になるのです。

すなわち、従来のようなマスマーケティングとは正反対の考え方が必要になるのです。万人に受け入れられるような平均点の高い商品では、もはや誰も買わなくなる時代がもうすぐそこまで来ています。すでに述べてきたように、徹底してパーソナライズされた商品こそが求められる時代に変わってきているからです。そういう意味では、全体的に80点という商品よりも、ある特定の部分だけでも100点という

第5章　すべては「人」に行き着く

商品が好まれるようになるのではないでしょうか。

　また、「ファン」づくりということもよくいわれます。ファンと顧客とでは、一体何が違うのでしょうか。第4章でも触れましたが、その違いは、「好き」という人間の「感情」が加わることです。ここには、経済合理性では対抗できない壁が存在します。野球やサッカーのファンも同じです。最初は強いから「好き」になったとしても、ひとたびファンになってしまえば、仮にそのチームが負け続けたとしても、やはりファンなのです。

　さらには、ネットワーク（IoTなど）の力によって、企業とユーザーが密接につながる仕組みが出来上がりつつあります。もし、ファンと企業がこのような関係で結ばれたならば、そう簡単には切り離せない関係になるでしょう。このような関係を自社と競合他社とで、どちらが早く結ぶことができるのか。テレビやパソコンはもちろん、多くの家電、自動車なども顧客と直接「つながる」ようになります。こうしたつながりは、いわば「究極の顧客囲い込み」になるはずです。

　このような顧客との関係構築の成否を分けるのも、やはり「人」です。そして、人の持つ強力なプロデュース力なのです。

OODA COLUMN 顧客満足度向上に向けた課題と顧客サービスのあるべき姿

顧客のリピート率向上を図り、囲い込んでいきます。つまり、「ファン」にしていきます。しかし、そのための施策をいろいろと

図表5-1 顧客行動の把握によるファン化

例えば、こんな悩みをよく聞きます

顧客の分析ができない。
どこで主に購入している人?購入頻度は?
Webで購入した人が、店舗でも購入しているか?

施策の効果が見えない。
Webのキャンペーンで店舗に人が来ている?
Web、店舗問わず購入金額は増えた?

相互の送客ができない。
ECで購入した人を店舗に誘導するには?
店舗の顧客をWebに誘導するには?

・バラバラに活動していてつながりが見えない。
・自分たちの顧客が見えない。

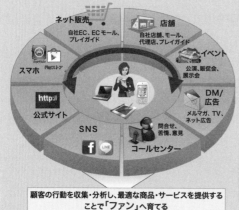

顧客データを一元的に収集する

顧客の行動が見える。
どこで主に購入している人?購入頻度は?
Webで購入した人が、店舗でも購入しているか?

効果的な送客
最近購入してない人、イベントにだけ参加している人など行動属性に合わせた施策が打てる。

マーケティングのOODA
施策の効果が店舗、Webを問わず計測できるため、次の施策に向けた分析がしやすい。

実施していても、なかなかうまくいかないということはよくあります。

　顧客のロイヤルティを上げるには、顧客との接点において統一したコンセプトでサービスを提供し、その裏で顧客の行動履歴を収集していくことが重要となります。そのうえで、適切な顧客分析を行い、顧客を理解し、それに合わせて商品・サービスをプロデュースし、適切なチャネルと販売手法を選択することで、顧客の囲い込みを図っていくのです。

第6章
先が見えないVUCA時代に備える

VUCA（ブーカ）とは、Volatility（変動性・不安定さ）、Uncertainty（不確実性・不確定さ）、Complexity（複雑性）、Ambiguity（曖昧性・不明確さ）の4つのキーワードから頭文字を取ったもので、あらゆるものをとりまく環境が複雑化し、将来の予測が困難な状態を表す言葉です。変化の速い不確実な時代を象徴する言葉の1つです。

　数年前に比べて、現在は明らかにVUCAの度合いが加速しているのではないでしょうか。そこで最終章では、マーケティングにおけるVUCAに対応するために必要な視点をまとめました。

1. デジタル化する世界に備える

（1）すべてが数字に置き換わる

　デジタル化とは、連続的な量を段階的に区切って数字で表すことをいいます。たとえば、アナログの世界では「あの人は喜んでいた」「あの人は怒っていた」などと表現しますが、デジタルの世界では、「あの人は喜びが90、怒りが18、哀しみが40、楽しさが60」などのように表現されるようになると考えればイメージしやすいのではないでしょうか。

　同じように、食べ物のおいしさも、単においしい、まずいではなく、「甘さが50、歯ごたえが30、粘りが60、‥‥」などと表現されます。見た目の色なども数字で表されるようになるでしょう。これによって、感覚的であいまいな表現がなくなり、客観的に数字で表されるようになります。

(2) 見えるものが細かくなる

　数字で表されるということは、モノの見える細かさも変わっていきます。数字によって、違いを細かく見ることができるようになるからです。

　たとえば、「甘さ60」と「甘さ62」では、客観的に62のほうが甘いのは間違いありません。これまでだと、おそらく人間の味覚では判別することが難しかったことでしょう。しかし、数字で表すことで、確実に違いがあることがわかります。

　さらに、数字に置き換わることで、これまで測ることのできなかったものも測れるようになるでしょう。たとえば、消費者[15]の趣味・嗜好や満足感なども数字で表すことができるようになると思われます。

2. デジタル化によってビジネスが変わる

(1) ビジネスのスタイルが変わる

　デジタル化した世界では、消費者のことも数字で理解できるようになります。そのため、消費者の望むものも、あらかじめ数字で把握することができるようになります。消費者の求める価値を提供することを、事前にコミットすることもできるようになるはずです。たとえば、「満足度60を提供する」と、事前にコミットすることができるよ

15　これまで「顧客」という用語で説明をしてきましたが、本章ではもっと幅広く「消費者」という用語を使用します。なじみのない読者は、「顧客」と読みかえても差し支えありません。ここでの消費者とは、顧客のみならず生活者全般を指すために使用しています。

うになるのです。

モノやサービスを提供するというビジネススタイルから、顧客の求める満足や成果そのものを提供するというビジネススタイルに変わるとイメージすると、わかりやすいかもしれません。

（2）IoTでビジネスが変わる

IoTとは、Internet of Thingsのことで、モノのインターネットと呼ばれています。あらゆるモノがインターネットのようにつながることを指しています。

インターネットのようにつながるとは、どういうことでしょうか。たとえば、照明がインターネットのようにつながるとは、周囲の明るさを感知して、自動的に明るさや色を変えることができるということです。ここにその家で暮らす人がつながるとすれば、その人の血圧や呼吸数などに応じて、一番心地のよい明るさや色合いに調節ができるようになるイメージです。IoTが普及すると、このような傾向はますます広がっていくことになるはずです。

3. 消費者行動や価値基準が変わる

（1）いつでもどこでもつながるようになる

インターネットやクラウド技術が発達することで、企業と消費者とが、いつでもどこでもつながるようになっていきます。

これは消費者が求めるかどうかにかかわらず、社会全体の変化とし

第6章　先が見えないVUCA時代に備える

て表れてくるのではないでしょうか。たとえ消費者が24時間365日もつながっていたくはないと思ったとしても、この変化の波に逆らうことはできないでしょう。否応なく「つながる」社会へと変わっていくことになります。

　もしかしたら、住む家とあなたがつながることもあるかもしれません。もしそうなれば、家があなたのデータを自動的にとることで、あなたにとって快適な住居環境を用意してくれるようになるかもしれません。取得したデータを蓄積することで、あなたが思いつくよりも前に、家が先回りして準備しておいてくれるようになるかもしれません。たとえば、あなたが洗濯をしたいと思うよりも前に洗濯の準備をしてくれたり、あなたが寝たいと思うより前に就寝のための準備をしてくれるようになるかもしれません。これらも24時間つながっている世界といえます。

（2）消費者の嗜好も変わる

　消費者にとっては、選択肢が無限と思えるほどに増えていくことになるのではないでしょうか。なぜならば、あらゆるものが個人にとって最適なサービスへと変わっていくからです。そのため、「サービス数×人口」の数だけサービスが存在することになります。これに加えて、さらに社会そのものが激しく変化していくことが予想されますから、より複雑な社会へと向かっていくことになるのかもしれません。

　しかし一方では、このような社会の変化とは逆行するように、社会がより複雑になればなるほど、消費者はよりシンプルなものを望むようになるのではないでしょうか。それゆえに、シンプルなサービスこ

そ喜ばれる世の中になるのではないかと思っています。

（3）パーソナライズされる

　企業と消費者がいつでもどこでもつながっている社会とは、企業と消費者とが何か漠然とつながっているという世界ではありません。つまり、企業が「消費者」という集合体とゆるく結びついているという状態ではありません。企業が、消費者一人ひとりと文字どおり24時間365日つながっているということです。

　そのため、商品やサービスを提供する企業側は、これらの消費者一人ひとりに対して、個別にパーソナライズした商品やサービスを提供できるようになっていかなければならないということでもあります。大衆に平均化されたサービスではなく、その個人にとって最適なサービスを用意する必要があるということです。だからこそ、世の中には「サービス数×人口」だけのサービスが存在することになると考えられるのです。

（4）よりシンプルになる

　消費者も、自分に合ったパーソナルなサービスを求めるようになっていくのではないでしょうか。近年は、ショッピングサイトのリコメンド機能なども活発ですが、これらのサービスに慣れた顧客は、いかなる業界の企業に対しても同様のサービスを求めるようになると思われます。ここで、リコメンド機能とは、ある顧客の購買履歴などからオススメの商品を提案したり、季節ごとのイベントに合わせた商品を

第6章　先が見えないVUCA時代に備える

自動的におすすめしてくれる機能のことをいいます。

　先ほどの「サービス数×人口」のような膨大な数のサービスの中から自分に合った最適なサービスを探し出すことは膨大な労力を要します。ほとんどの個人にとっては不可能といえるでしょう。だからこそ、その個人に対してパーソナルで最適なサービスを、提供者の側からリコメンドしていくことがきわめて大切になっていくと思われます。

(5) PRもピンポイントになる

　広告などのPRも、これまでのテレビCMのように万人に向けてというよりは、ネット広告などのように、顧客の嗜好に合ったPRをピンポイントで流す世界に変わっていくのではないでしょうか。すでにこの傾向は顕著に表れています。

　YouTubeのような動画サイトでも、選択した動画の最初にCMが流れるようになっています。当然、選択する動画によっても流れるCMの内容が変わります。このようにすることで、ある特定の興味や志向を持った視聴者に対して、選択的に効果的なCMを流すことができるからです。

　これまでのCMのように、誰にでも当てはまるマクロな情報では消費者に突き刺さりにくくなっています。消費者はあくまでもパーソナライズされた情報を求めるように変わってきているといえるでしょう。

(6)「体験のシェア」が判断基準になる

　いつでもどこでも「つながる世界」では、消費者と企業が1対1でつながるというだけに留まりません。消費者同士も自然につながっていくことになります。

　つまり、消費者が消費者に対して、商品情報やサービスに関する情報を提供するようになります。消費者が満足のいく体験をすれば、それが他の消費者にもシェアされますが、不満足な体験も、同じように他の消費者にシェアされることになります。

　このような世界では、自己の体験そのものよりも、他人にシェアすることを目的とした体験を重視する変化も起きてくることでしょう。FacebookやLINEなどの投稿にも、この変化は如実に表れてきています。

　たとえば、ある食事の投稿があったとします。この食事の体験は、本人にとって本当にしたかった体験であるかどうかよりも、見栄えのする料理であったり、他人から共感してもらえる料理を優先していることがよくあるからです。つまり、自分への満足よりも、他人にシェアしたいというウエートのほうが勝っているのです。

　そのため、写真の撮り方にも変化が起きています。以前のように記念撮影や自身の思い出という視点ではなく、他人に共感してもらえるように撮りたいというニーズのほうが勝っているからです。自分が撮影してうれしいかどうかではなく、あくまでも他人が喜んでくれるかどうかが写真を撮影する基準になってきています。このように、体験をシェアするという行動と、他人から共感を得るという行動は、今後ますます活発になっていくことでしょう。

第6章　先が見えないVUCA時代に備える

4. デジタル化によって、 あなたも変わらなければならない

（1）消費者とのコミュニケーションを変える

　消費者とのコミュニケーションの仕方も多様化すると予想されます。なかでも、SNSのようなソーシャルメディアの活用が活発化していくことでしょう。SNSを使うことで、消費者の特性に応じて、パーソナルなメッセージを個別に送ることもできるようになります。消費者の同意が前提となるでしょうが、消費者の位置情報の活用もできるようになるのではないでしょうか。

　たとえば、位置情報を把握できる端末（スマートフォンなど）を持ってある店の前を通りかかると、その店の広告が自動で流れるようになるかもしれません。ある公園へ出かければ、その日の気分に応じたオススメのランチが紹介されるかもしれません。

　IoTの進展によってあらゆるものにセンサーが内蔵されてデータが収集されるようになれば、食事をしているあなたの脈拍や血圧も収集されるようになるかもしれません。さらには、脳の活性度合いなども計測される時代が来るかもしれません。

　そうなれば、あなたが何に喜びを感じ、何に反応するのかの情報が自動的に蓄積されるようになります。このような情報が蓄積されれば、あなたが今この瞬間に何を欲しているのかが、あなたの意識に上るよりも前にわかるようになります。あなた好みの最適な娯楽が自動的に提案され、簡単に選ぶことができるようになるでしょう。

　さらには、このようなデータがネットワークで結ばれた医療機関などとも共有されるようになれば、あなたの健康状態がリアルタイムで

わかるようになります。多くの病気の予知や予防も可能になるかもしれません。

これらのデータは、ビッグデータ分析にも活用することができるようになることでしょう。ビッグデータを分析すれば、世の中の流行りや廃りをより早く検知できるようになるはずです。そうなれば、年代別や地域別などでのマクロな趣味嗜好の変化などもビジネスに織り込むことができるようになります。

このような消費者とのコミュニケーションの仕方の変化は、単に有用なだけでなく、企業経営に与えるインパクトも計り知れないほど大きなものになるのではないでしょうか。すぐにこれらのすべてが実現するわけではないと思いますが、企業もビジネスパーソンも、これらの変化に対応し、自らも変化していくことがきわめて重要になっていくと思います。

（2）コミュニケーションで大切なものが変わる

消費者とのコミュニケーションの仕方で大切なことは、以下の3つに集約されます。つまり、「一貫性があること」「簡単であること」「わかりやすいこと」です。

一貫性があること

一貫性があることとは、たとえば別々の店舗でサービスを受けたとしても、どこで受けても同じ体験が味わえるようになっているというようなことです。

今後は、消費者同士がお互いの体験を共有し合う世界が予想されま

すが、たとえ遠く離れた地域の人であったとしても、同じサービスである以上は、同じ品質で提供されることが求められるでしょう。そうでなければ、互いに体験を共有することができないからです。

簡単であること

簡単であることとは、誰がやっても負担なくできるというようなことです。

たとえば、お年寄りにはできないというようなサービスではいけません。また、ある程度習熟していなければできないというようなサービスもうまくはないでしょう。

このことは、突き詰めれば、誰でも受けたいときにすぐに受けられるサービスでなければ、消費者には受け入れられないことを意味しています。ネット決済なども操作の手間がかかったり、必要な情報の入力に時間がかかってしまうようでは、受け入れられなくなっていくことでしょう。

何かに手こずってしまうようなサービスでは消費者が敬遠し、簡単に受けられるサービスのほうに消費者が移っていくことになります。

わかりやすいこと

わかりやすいこととは、そのサービスから得られる効用がはっきりとわかることです。さらに、誰が見ても他のサービスとの違いがはっきりとわかることでもあります。他のサービスと比べてどこがどのようによいのか（または悪いのか）が一目でわかるサービスでなければならなくなるでしょう。

情報が氾濫する世の中では、情報の１つ１つについて自分で情報を

集めて判断するということができなくなっていきます。その中でも選ばれる商品・サービスとなるためには、誰の目から見てもわかりやすいことが必須条件となるでしょう。

　もし、オンライン（ネット店舗など）とオフライン（実店舗など）の両方を持っているならば、その両者をうまく使ってもらう仕組みづくりも大切になります。

　たとえば、衣服の販売であれば、実店舗で試着をし、自分に合ったサイズはネットでも注文ができるように連動するなどです。すでにこのようなビジネスモデルで成功を収めている企業もあります。しかし、これは消費者が自然にとる行動だと思ってはいけません。このような動線をあらかじめ用意しておくことが大切です。消費者の行動を先回りすることで、サービスの利便性を高めることが大切です。

（3）消費者一人ひとりと向き合わなければならない

　消費者一人ひとりに対して、企業はパーソナルなサービスを提供しなければならなくなるはずです。顧客の側もそのようなサービスを望むように変化していくことでしょう。

　これまではリアルタイムで消費者の行動データを把握することはきわめて困難でしたが、インターネットやクラウド技術が発達したことで、比較的容易にこれらのデータを収集できるようになりました。単に収集することができるだけでなく、コンピュータの計算能力が飛躍的に高くなったことで、これらの膨大なデータを即座に分析することもできるようになっています。

　複雑で高度な分析もできるようになりましたが、むしろ簡単な統計

処理だけでも、非常に多くのことがわかります。

　たとえば、ビッグデータを分析することによって、世の中全体のトレンドやエリア特有の志向などもわかるようになっています。

　これまでデータ量が膨大であるためにビッグデータを分析することは困難でしたが、これらが分析できるようになったことで、顧客一人ひとりの情報をリアルタイムに把握して、その人に合ったサービスをおすすめし、最適なサービスを提供することもできるようになってきているのです。

(4) 消費者とはいつでもどこでもつながれるようにする

　企業と消費者とは、いつでもどこでもつながるようになるでしょうし、企業の側からすればそのようにしなければならない時代がもうすぐそこまで来ています。これは単にLINEでつながっているというようなイメージとは違います。もっと多角的にあらゆる場面でつながることができるという意味です。

　たとえば、消費者がつながりたいと思ったときには、いつでもどこでも即座につながることができるように、サービスを整えていなければならないということです。あるときは電話でつながり、あるときは店頭でもつながり、またあるときはメールやチャットでつながり、さらにスマホアプリでもつながるというように‥‥。

　このように、顧客とのコミュニケーションがとれるプラットフォームをつくることで、消費者と常に「つながっている」状態をつくることができます。

　店舗が複数ある場合には、顧客の位置情報から最寄りの店舗をリコ

メンドしたり、マップに表示したりすることも親切なサービスの1つといえるでしょう。さらに、あるサービスについて検討中の消費者に対しては、無料でバーチャル体験ができるサイトを設けることも顧客の背中を押すうえでは効果的かもしれません。それでも疑問が残るという消費者には、サポートサイト（Q&Aなど）や電話問い合わせ窓口を設置することも必要かもしれません。他の利用者による口コミや体験談の提供などは、今後ますます大きな効果を持つことになると思われます。

これらの体験での満足感を体験者自身に項目ごとに数字で評価してもらうことも、他の消費者に自社サービスをわかりやすく伝えるためには効果のある方法になると思われます。数字で評価をしてもらうことで、他人に伝えやすくなるのはもちろんですが、同時に自社サービスの改善点や課題も一目瞭然になります。サービスを改良したり、新たなサービスを考える際にも大変貴重なデータになります。

（5）消費者からのフィードバックを受け取れるようにする

顧客からの苦情窓口を設けるなどして、消費者からのフィードバックを直接受け取れるようにすることは大切ですが、それ以上に、ソーシャルメディアなどによる口コミやカスタマー評価などを常に監視できる仕組みをつくっておくことが大切です。

うまく活用すれば、自社サービスがどこでどのように体験されているのか、どのようにシェアされているのか、評判や満足度はどうなっているのかをリアルタイムで把握することができるからです。これらのデータに目を配り、しっかりとウォッチすれば、自社サービスの評

第6章　先が見えないVUCA時代に備える

判や満足がどのように形成されていくのかをつかむことができるかもしれません。

さらに、その構成要素までもが数字で把握できるようになります。つまり、前述したように「おいしい」「まずい」がその構成要素別に数値化できるのと同じように、「満足」や「不満」もその構成要素で数値化できるようになります。

5. ビジネスモデル自体を変える

(1) デジタル技術による新しいビジネススタイル

デジタルデバイスが進化することで、従来の仕事のやり方にも大きな変化が起きます。デジタル化が進めば、顧客情報なども特定の営業パーソンが個人的に管理するということは、もはや時代遅れとなりつつあります。同じように、各部門単位で蓄積していた情報なども、部門の垣根をなくして全社共通で管理していくことになることでしょう。しかし、そのためには、これまでの社内の情報取得のプロセスや、情報のインプット方法、管理方法などを変えていかなければなりません。この変化には可能な限り早く対応したほうがいいでしょう。

デジタル技術を活用したサービス開発は、主に以下のプロセスで行うとわかりやすいと思います。

① 見えるようにする
② 予測できるようにする
③ 自動化する
④ 他のサービスへ横展開をする

① 見えるようにする

デジタル化がもたらす恩恵の1つは、これまで見えなかったものが見えるようになることです。

これまで収集することのできなかったデータも収集することができるようになり、これまで解析することのできなかった大量データもコンピュータの進歩によって解析することができるようになりました。これによって非常に細かい粒度での顧客動向の数値化などもできるようになります。

② 予測できるようにする

これらのデータを分析することで、単に現在を輪切りにするのではなく、将来の消費行動をも予測することができるようになります。

従来は不可能だった膨大なデータから因果関係を推測することができるようになるからです。これはあくまでも推測の域を出ることはありませんが、できないよりはできたほうがはるかにビジネスに活かせる幅が広がります。

それゆえに、これらの予測や推定を通じて、先手を打ったマーケティングや企業経営、さらにはサービス開発もできるようになります。

人は主体的でありたいですし、自分があるパターン化された行動をとっているとは思いたくないものです。しかし、現実には、あるパターン化されたレールの上を動いていることのほうが多いのではないでしょうか。このレールの上に、網を張って待ち構えることができるならば、マーケティング活動にとって大きな成果となります。

第6章　先が見えないVUCA時代に備える

③ 自動化する

ここまでで見えるようになり、かつ予測できるようになったことを、さらに自動化することができれば、それだけでも立派な業務プロセスをつくりあげることができるようになります。自動的にデータを収集し、自動的にデータを解析し、業務プロセスを最適化していくことができるようになるからです。

さらに、データ解析結果の解釈なども、今は人手で行うことも多いですが、今後は人工知能の進歩などによって自動化できるようになるかもしれません。

④ 他のサービスへ横展開をする

ここまでの成功体験をもとに、この自動化までの業務プロセス改革を他のサービスにも適用していくことができます。

これまでに得られた全く別分野の知見が他の分野にも活かせることもあります。特に、顧客の消費動向や行動様式の変化などの把握は、商材が変わっても共通で使うことのできるものが多いといえます。

(2)「シェア」したくなるサービスをつくる

顧客が求めるものを知る

すでに顧客となっている人の顧客情報であれば、何とか収集できる手段はあるでしょう。しかし、まだ顧客ではない人の情報はどのように収集したらいいのでしょうか。まだ顧客になっていない人のことも知らなければ、効果的なマーケティング活動にすることはできません。

たとえば、自社のサイトを訪れた人の匿名情報を収集することなども1つの方法です。具体的には、訪問回数、訪問頻度、滞留時間、ページ階層の深さなどの情報を収集します。可能であれば、収集したこれらのデータを解析することで、自社商品に興味を持っている人の傾向や関心分野などを知ることができます。

　本当の顧客はどこにいるのか、誰が顧客になり得るのか、そして、その人は何を求めているのか。これらのことを何とか知ろうとすることが、とても大切な出発点になります。

　さらに、第三者機関が販売する情報（集計データなど）等を購入して消費者動向をつかむこともできます。広告やチラシなどに対する応答率や応答した顧客の属性などを調べれば、消費者の動向を知ることもできます。

「体験」をデザインする

　顧客が「体験」するプロセスをつくることが大切です。顧客はいつどこでどのようにそのサービスを知るのか。そして、いつどのような場面でそのサービスを利用するのか（または買うのか）。さらに、どのようにその体験をシェアするのか。このようなプロセスを明らかにすれば、サービスをデザインしやすくなります。

　ここから、顧客が自社と接触するきっかけやイベントなどを1つ1つ設計していきます。顧客がサービスを受けるにあたって何らかの決断が必要となる場合には、その決断の仕方やタイミングも1つ1つ丁寧に設計していきます。ここで大切なことは、顧客がそのサービスを知ってから、実際にサービスを体験し、シェアするまでを一本の線でつながるようにデザインすることです。

第6章　先が見えないVUCA時代に備える

Twitterの創業者でもあるジャック・ドーシー氏は、「摩擦を取り除け」といっています。摩擦とは余計なハードルのことですが、ある行動を起こすためのハードルであり、ある消費をするための心のハードルのことです。

　たとえば、最近はスマートフォンからタクシーの配車依頼をできるようになりました。配車依頼をするときに、行き先も登録し、決済カードも登録しておけば、タクシーに乗ったときに、わざわざドライバーに行き先を告げる必要もありませんし、目印などを伝える必要もなくなります。目的地に着いてから財布を開けて小銭を探す必要もありません。このようなものが摩擦をなくすことであり、サービスを一本の線でつなぐということです。

(3) 消費者が触れた情報を知る

　消費者の触れた情報を知ることができれば、消費者の多くのことがわかります。購入時にどのような情報に注目したのか、どのような情報に触れた人が実際に購入しているのか、購入を後押ししたイベントは何かなどを読み解くことができるからです。

　これらの知見を蓄積していけば、あらゆる商材について消費者の興味・関心や購買決定のプロセスを把握できるようになります。

　ここで便利な指標の1つとしてNPSというものがあります。これは「あなたは家族や友人にこの製品（またはサービス）をすすめたいですか？」との質問に0〜10の数字で答えてもらって数値化するものです。家族や友人にすすめたくなるような製品やサービスであるならば、その満足感も高いことが推測できます。

これに加えて、従来から利用されているリピート率も大切な指標です。同じ製品やサービスをもう一度買ってくれるかどうかは顧客の満足度を知るうえでも大変重要な指標だからです。このリピート率は、他の利用者のレビュー内容やシェア行動によって大きく左右されることから、レビュー内容やシェア行動を把握する仕組みをつくることはとても大事なことです。

（4）マーケティングの大前提を変える

過去をいくら眺めてみたところで、未来をとらえることはできない時代になりました。今あるビジネスの延長線上で物事を考えていたのでは、未来のビジネスを創造することはできなくなっています。

未来のビジネスをつくるうえでもっとも大切なことは、「未来の社会では何が求められるのか」といった想像を膨らませていくことです。ただ想像を膨らませるのではなく、その想像の中で仮説を立て、その仮説を検証してみることです。

しっかりとした仮説を立てて、将来のビジネスに備えることは、世の中の変化をタイムリーにとらえることに他なりません。本書で述べてきたマーケティングウーダを高速ループさせていくことで、誰よりも早く、誰よりも正確に世の中の動きに適したマーケティング活動を展開していくことができるようになると筆者は信じています。

第6章　先が見えないVUCA時代に備える

おわりに

　本書でもっとも伝えたかったことは、世の中のあらゆる業種・職種の人はマーケティングとは無縁ではないということです。どのような部署にいようとも、どのような立場にあろうとも、その気になればどこまでも深くかかわることのできるのがマーケティングです。そして、これこそが本来のマーケティングのあるべき姿なのです。

　マーケティングといえば、さまざまな先端技法を思い浮かべる人もいれば、一部の磨かれたセンスを持った人にしかできないと思っている人も多くいます。しかし、実際には、これらの重要性よりも、本書に記した「マーケティング組織」をつくるほうがはるかに重要です。そして、極論すれば、このマーケティング組織の構成員とは「全員」なのです。あらゆる部門のメンバーが顧客と向き合い、顧客に関心を持ち、マーケティング活動に参加することが、マーケティング活動にとっての最大の成功要因です。

　なぜ全員なのかといえば、たった今すれ違った人もあなたの「顧客」かもしれません。だとすれば、その顧客に関心を持つことで、何に興味を持っているのかなどの情報を収集することができるのではないでしょうか。これは「なんとなく××そうである」というあいまいな情報でも構わないのです。これらの情報が蓄積されれば、定性データが定量データとなり、定量分析も可能になります。

　筆者のいうマーケティング組織とは、これらの役割をあいまいにせずに、各部門が最適なミッションをもって顧客と向き合うものです。

そして、これらの各部門が互いに協力し合いながらマーケティング活動に取り組むことができれば、きわめて強い組織ができあがり、マーケティングの成功率も飛躍的に高まります。

　マーケティングには、合理的な側面と非合理な側面とがあります。対象とする商品や顧客によっても、心の動くポイントは異なります。ここをしっかりと押さえて、潜在的な顧客を顕在的な顧客へと昇華させ、ファンやリピーターに育てていくのです。顧客の心理に働きかけることの重要性はますます高まってきているといえます。
　そして、すべてのマーケティング活動に対して、OODA（ウーダ）を高速で実施していきます。現代のような変化の激しい時代に生き残るためには、効率よく効果的にデータを収集し、データに裏づけされたマーケティング活動を実施し、OODAによって常に精度を高めて磨き上げることで、マーケティングの成功率を高めていかなければなりません。

　筆者は、「『常識』とは、『過去』である」といっています。「常識」の上にあぐらをかくようなことがあってはいけません。現状や成功の上に安穏としてはなりません。ぜひ読者が新しい常識をつくっていってください。
　本書に記した方法は、筆者が実践して実際に成果をあげてきたものを体系化しました。まだ不十分なところもあるかもしれません。筆者も日々研鑽を重ねている次第です。読者のマーケティング活動の一助となれば幸いです。

坂本　松昭

■著　者

坂本　松昭（さかもと　まつあき）

東京大学大学院理学系研究科修了（理学修士）。政策研究大学院大学修了（公共政策修士）。専門は、マーケティング、組織開発、経営管理。日本屈指のマーケティング戦略家。

大手都市銀行勤務を経て、現在は大手企業に所属。

関連会社向けのコンサルタントとしてこれまでに200社以上の業務改革を手がけ、そのすべてで成功を収めている。さまざまなマーケティング手法を実践し、試行錯誤を繰り返した結果、あらゆる企業でマーケティングを成功に導く方法を体系化する。

近年は、マーケティング活動の中にOODA（ウーダ）を導入し、マーケティングの枠を超えた企業育成にも取り組んでいる。マーケティング部門に限らず、企業に所属するあらゆる人がマーケティングを身近に感じ、マーケティング活動に参画しやすくする職場改善でも成功を収めている。

主な著書：『誰がやってもうまくいく！最強の組織づくり』（同友館）、『今すぐできて成果が上がる　最強の職場改善』（きずな出版）。

2019年9月30日　第1刷発行

誰がやってもうまくいく！
最強のマーケティングOODA（ウーダ）

Ⓒ著　者　坂本松昭
発行者　脇坂康弘

発行所　株式会社 同友館

〒113-0033 東京都文京区本郷 3-38-1
TEL.03（3813）3966
FAX.03（3818）2774
https://www.doyukan.co.jp/

落丁・乱丁本はお取り替えいたします。
ISBN 978-4-496-05431-0

西崎印刷／萩原印刷／松村製本所
Printed in Japan

本書の内容を無断で複写・複製（コピー），引用することは，
特定の場合を除き，著作者・出版社の権利侵害となります。